Bargello

Florentiner Stickerei

von Martyn Thomas

Otto Maier Verlag Ravensburg

Inhalt

CIP-Kurztitelaufnahme der Deutschen Bibliothek

Thomas, Martyn
Bargello: Florentiner Stickerei. –
1. Aufl. – Ravensburg: Maier, 1977.
Einheitssacht.: Florentine embroidery ⟨dt.⟩
ISBN 3-473-42451-X

Die englische Originalausgabe erschien unter dem Titel »Florentine Embroidery« bei Marshall & Cavendish.

Deutsche Übersetzung: Hannelore Kopp
Umschlaggestaltung: Manfred Burggraf
Printed in Germany

80 79 78 77 4 3 2 1

ISBN 3–473–42451–X

Fotos
Chris Lewis 34/35, 63, 66
Jim Williams 65
Camera Press/IMS/Kjell Nillson 50, 51, 53
Graham Henderson 55, 72
Metropolitan Museum of Art, New York 3–5
Welcome Pernelle 49

Zeichnungen
Martyn Thomas und Wendy Bellamy

Über dieses Buch

Die Stickerei auf Stramin hat jetzt frisch, lebhaft und ganz verändert zu ihrer Eigenständigkeit zurückgefunden. Diese herrliche Art der Straminstickerei gibt es bereits seit einigen hundert Jahren. Die Mode jedoch ist launisch. Die Sucht nach immer Neuem hat die Designer in der Vergangenheit nach Einfällen suchen lassen, wodurch einige längst vergessene Schätze ans Tageslicht zurückgebracht wurden.

Die Straminstickerei ist eine dieser vergessenen Schätze. Sie ist nach Angleichung an die heutige Mode streng geometrisch, sehr farbig und erzielt überraschende optische Effekte, die entweder sehr lebhaft oder weich und abgerundet sind. Für unzählige Dinge kann man die Technik anwenden: für reich bestickte Kissen und Teppiche für die Wohnung, für besonders modische Accessoires wie Taschen, Gürtel und Haarbänder und als wirkungsvolle Veränderung eines Kleides. Bekleidungsstücke können ganz in Straminstickerei ausgeführt werden; vielleicht auch ein großer Wandbehang. Weiterhin finden sich zahlreiche sinnvolle Anregungen für originelle Geschenke für Ihre Freunde. Auch jene, welche noch nie zuvor eine Sticknadel in der Hand hielten, werden die einfache Arbeitsweise dieser Technik bestätigen. Folgen Sie Schritt für Schritt den Schemazeichnungen. Bald werden Sie feststellen, mit welcher überraschenden Geschwindigkeit das Muster wächst, denn in verhältnismäßig kurzer Zeit können größte Flächen ausgestickt werden. Schon das Aussuchen der Farbschattierung ist eine Kunst, und es wird sicherlich Spaß machen Farben in verschiedenen Kombinationsmöglichkeiten auszuprobieren. Auch die Materialien sind verschieden. Sie verwenden entweder Wolle oder Baumwolle evtl. auch Kunstseide und eine große Anzahl verschiedener Stramine. Das Endergebnis ist tatsächlich sehr schön. Ein Minimum an Anstrengung für ein Maximum an Wirkung. Deshalb wird die Straminstickerei, sicherlich eine Bereicherung Ihres Stickrepertoires sein.

Eine erstaunliche Geschichte
Viele Jahrhunderte lang war die »Straminstickerei« sehr beliebt und ist nun plötzlich wieder in Mode. Einige frühe Beispiele dieser Technik gehen zurück bis ins 13. Jahrhundert; damals hatten die Stickerinnen bereits herausgefunden, daß sie eine der schnellsten und wirtschaftlichsten Techniken war, um große Flächen zu besticken. Jedoch erst im späten 16. und im 17. Jahrhundert wurden mit dieser Art der Straminstickerei in Europa Varianten versucht. Sehr bald wurden Abwandlungen des Grundstiches entwickelt, darunter der »Ungarische- und der Flammenstich«. Obwohl sein Ursprung in Dunkel gehüllt ist, glaubt man, daß der »Florentiner Stich« (engl. Ausdruck für Straminstickerei) trotz seines Namens zuerst nicht in Italien, sondern in Ungarn entwickelt wurde. Ein Versuch, seine Geschichte zu erklären, lautet wie folgt: eine ungarische Prinzessin heiratete in die italienische Medici-Familie ein und brachte eine prächtig bestickte Brautausstattung mit. Dann lehrte sie vermutlich den Damen des Florentiner Hofes diese Kunst des »Punto Ungero« (ital.) oder »Hungarian Point« (engl.). Eine andere Geschichte jedoch erzählt, daß es Elisabeth von Ungarn war, die sich diese Art der unglaublich wirtschaftlichen Sticktechnik ausgedacht hat, damit die Bauern sie in den Zeiten der Wollknappheit, ausführen konnten. Die »Florentiner Stickerei« ist seit Jahren auch unter dem Namen »Bargello« (amerik.) bekannt. Wie es zu diesem Namen kam, beschreibt eine weitere Geschichte, aber hier beruht die Erzählung sicherlich auf mehr Tatsachen. Es ist bekannt, daß die ungarische Prinzessin Jadwiga ihre Heimat im Alter von 13 Jahren verlassen hat, um den König Ladislaus von Polen im Jahre 1383 zu heiraten. Danach begann sich ihr Talent als Stickerin weiterzuentwickeln. Unter den Gegenständen, die sie gestickt hat, befindet sich der Chorrock eines Bischofs in Straminstikkerei, auf welchem die Wappen von Polen und Ungarn zusammen dargestellt sind. Ein Teil dieses Rockes ist bis heute erhalten. Der Familienname von Ladislaus war »Jagiello«, und es scheint möglich, daß sich nach einer gewissen Zeit dieser Name durch falsche Aussprache zu »Bargello« verändert hat. Was immer die Wahrheit ist, scheint es ironisch genug, daß es keine Verbindung gibt zwischen der Jagiello-Linie und der adligen Podesta-Familie, die im 13. Jahrhundert den »Bargello«-Palast in Florenz erbauen ließ. Jedoch, der Zufall wollte es, daß sich in diesem Haus – welches im Jahre 1857 ein Teil des Na-

tionalmuseums wurde – eine Sammlung von eleganten Stühlen befindet, die aus dem 17. Jahrhundert stammen und in der traditionellen »Bargello«-Technik gestickt sind (auf S. 11 befindet sich ein Muster, das danach entwickelt wurde).
Diese Stühle können jedoch nicht direkt mit dem Bargello-Palast in Verbindung gebracht werden, weil sie erst am 23. September 1886 von der Museumsleitung von einem Signor Menichetti gekauft wurden. Trotzdem hält sich eine weitere Sage, und die Tatsache, daß der Bargello-Palast früher ein Gefängnis für politische Häftlinge war, führte zu einer phantastischen Überlegung. Es wird einmal behauptet, daß die Gefangenen in Erwartung ihres Richtspruches in den Zellen des Palastes stickten. Weiter heißt es, daß die Gefangenen den sogenannten »Bargello«-Stich erfunden und auch ausgeführt hätten. Beim Besuch dieser Zellen, die sich ohne jegliches Tageslicht unter der Erdoberfläche befinden, wird die Unglaubwürdigkeit solcher Geschichten klar.
Die meisten der noch erhaltenen Straminstickereien aus der Zeit vor dem 18. Jahrhundert sind Bettvorhänge oder Wandbehänge.

Frühe amerikanische Beispiele

Da die Straminstickerei in ganz Europa einschließlich England bekannt war, wurde diese Technik selbstverständlich über den Atlantik in die amerikanischen Kolonien mitgenommen. Diese schönen oben abgebildeten Beispiele – alle aus amerikanischen Sammlungen – datieren weiter als das Jahr 1800 zurück. Die Farben des Garns sind nur ganz wenig verblaßt. Die Täschchen, die im Zeitraum 1750 bis 1800 entstanden sind, tragen die Merkmale des »Nelken-« und »Flammenmusters«.
Die leuchtend bunte Brieftasche, in die der Name des Besitzers Hendrick Rutgers eingestickt ist, zeigt auch das Datum ihrer Entstehung, nämlich 1761. Der Ohrensessel im Stil von Queen Anne, den Sie auf der Seite 3 abgebildet sehen, geht sogar bis auf das Jahr 1725 zurück und ist als besondere Rarität im New-Yorker Metropolitan Museum of Art zu bewundern. Die vordere Seite dieses Stuhls ist in Straminstickerei ausgeführt. Die Rückwand des Sessels wurde überraschenderweise mit einem wunderschönen Bild in freier Stickerei mit Kelimwolle verziert und stellt einige Jagdszenen dar: einen flüchtenden Hirschen, ihn verfolgende Hunde, auffliegende Vögel, Enten auf einem Weiher vor einer hügeligen Landschaft.

Einführung in den Spannstich

Das einfachste Muster der Straminstikkerei ist der Spannstich, der über 4 oder 6 Gewerbefäden »gespannt« wird, wodurch eine Arbeit sehr schnell vorwärts geht. Dies ist natürlich ein zusätzlicher Anreiz für den Anfänger, der sobald als möglich erste Ergebnisse seiner Arbeit sehen möchte.

Zickzack- und Flammenmuster
Dies sind vielleicht die charakteristischsten Muster. Jede Reihe wird in einer anderen Farbe waagrecht über den Stramin gestickt, wobei man die Stiche entweder nach oben oder nach unten versetzt. Es gibt keine Farbwechsel innerhalb einer Reihe. Auf der ersten Reihe, die einmal quer über den Stramin gestickt wird, bauen sich alle anderen Reihen auf.
Beim »Flammenmuster« läßt sich die beste Wirkung durch zartes Abschattieren der Farben von Reihe zu Reihe erreichen.

Zickzackmuster
Das »Zickzackmuster« wird auf einer Grundreihe gestickt und jeweils nach 10 Stichen wiederholt. Die Stiche greifen über 4 Gewebefäden; sie sind um 2 Gewebefäden gegeneinander versetzt. Um

---

1 waagrechter Rapport = 10 Sti, FL = 28 cm, MB = 1,5 cm, MH = 2,2 cm

Stoff: einfädiger Stramin (Art. 115/165, 7 Gewebefäden = ca. 1 cm)

Garn: MEZ Kelim-Wolle
Farben nach Wunsch

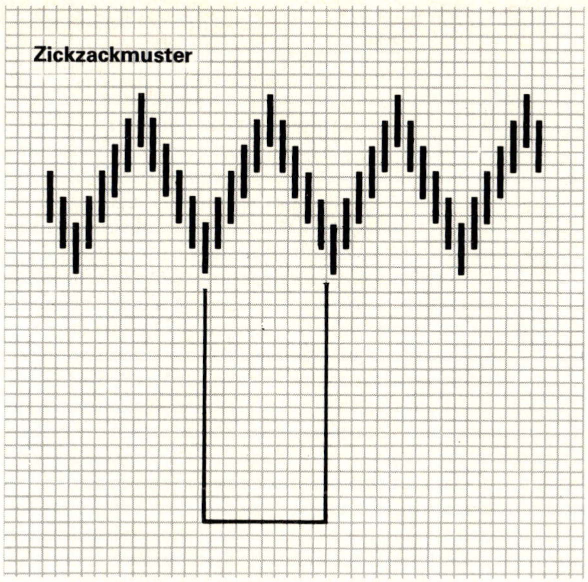

Mit lebhaften Kontrastfarben wird eine gute Wirkung erzielt.

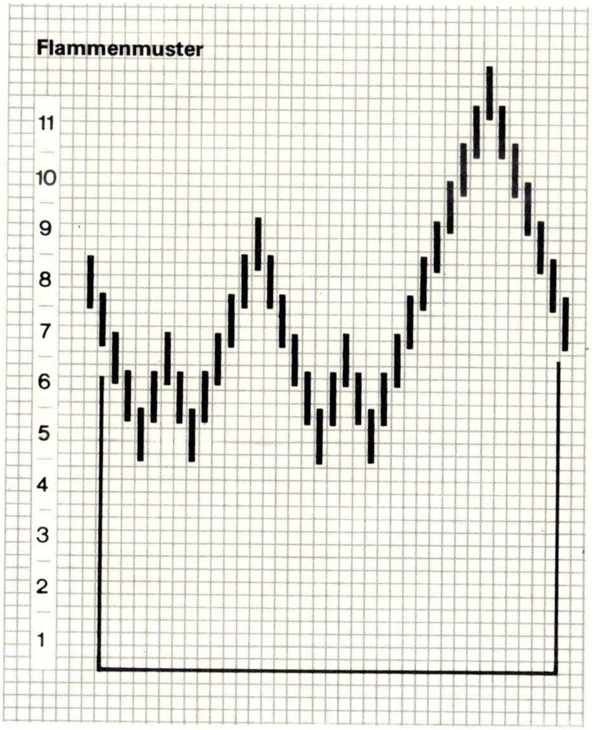

Flammenmuster eignen sich besonders gut für zarte Farbschattierungen.

mit dem Stich und der Arbeitsweise vertraut zu werden, erstellt man am besten eine kleine Probe in bunten Farben.

Flammenmuster
Dieses Muster wird über 4 Gewebefäden um 3 Gewebefäden gegeneinander versetzt gestickt. Man muß in der Mitte des Stramins an der höchsten Spitze des Musters beginnen. Die Farbschattierung beginnt bei weiß, geht über zartes aprikot zum leuchtenden orange und von goldbraun nach gold und beginnt nun wieder mit weiß.

---

1 waagrechter Rapport = 36 Sti,
FL = 65 cm
MB = 5,6 cm, MH = 4,8 cm

Stoff: einfädiger Stramin (Art. 115/165, 7 Gewebefäden = ca. 1 cm)

Garn: MEZ Kelim-Wolle
1. 3204 weiß
2. 3370 blaßgelb
3. 3371 h'gelb
4. 3372 gelb
5. 3373 senf
6. 3208 h'orange
7. 3261 orange
8. 3002 braun
9. 3004 d'braun
10. 3000 d'aprikot
11. 2999 mandarin

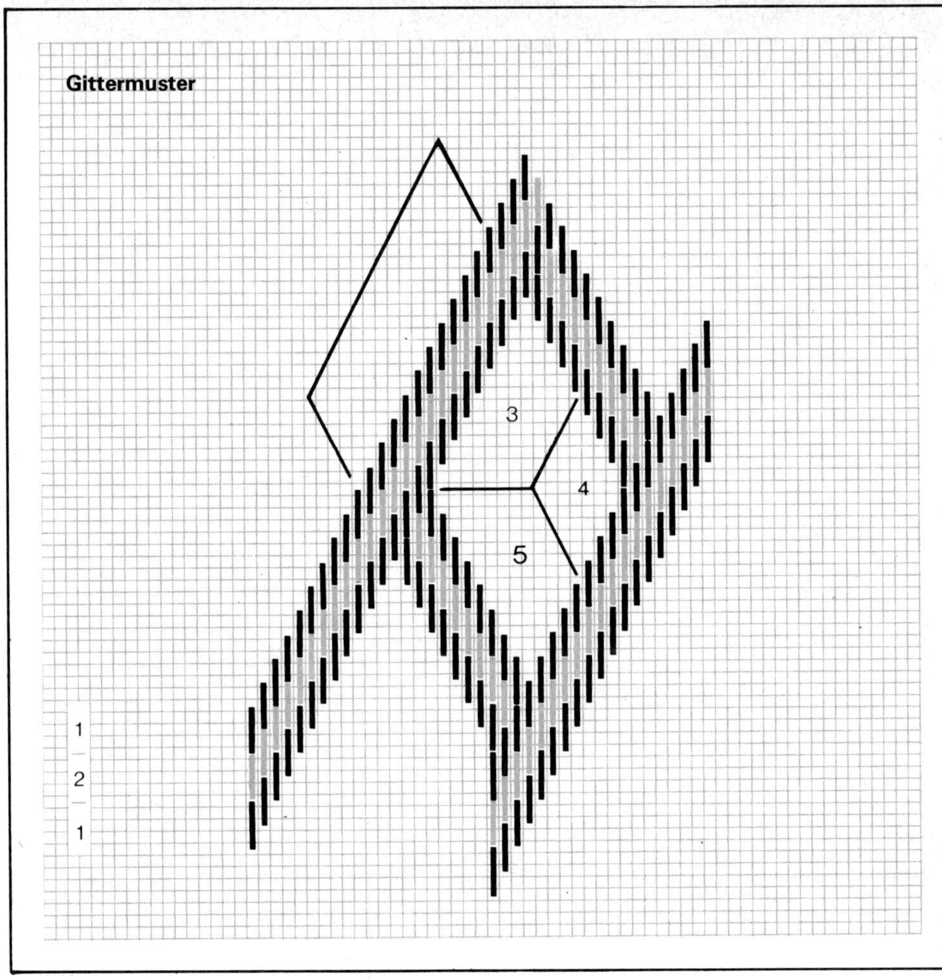

Geometrische Muster
Aus Zickzack- und Flammenmuster können leicht die etwas schwierigeren Motive von Gitter, Rhombus, Quadrat und Geflecht entwickelt werden. Die Hauptlinien des Musters werden diagonal statt waagrecht über den Stramin geführt, die Stiche verändern sich jedoch nicht.

Gittermuster
Bei diesem Muster wird der Stich über 4 Gewebefäden, jeweils 2 gegeneinander versetzt, gestickt. Man beginnt in der oberen Mitte mit einem durchgehenden braun-weiß-braunen Streifen und stickt nach unten links. Daneben arbeitet man einen halben Rhombus, daran anschließend den 2. Streifen braun-weiß-braun, der den ersten Streifen kreuzt. Neben dieser Kreuzungsstelle stickt man einen ganzen Rhombus in den drei

---

beim Gitter 31 Sti, FL = 45 cm,
MB = 2,5 cm, MH = 5 cm

für ein Motiv:

Farbe:
3. 3261 = 26 Sti, FL = 55cm
4. 3322 = 16 Sti, FL = 42 cm
5. 3262 = 26 Sti, FL = 55 cm

Stoff: einfädiger Stramin (Art. 115/165, 7 Gewebefäden = ca. 1 cm)

Garn: MEZ Kelim-Wolle
1. 3081 braun
2. 3222 weiß
3. 3261 h'orange
4. 3322 d'orange
5. 3262 orange

---

orange Tönen, dann wieder einen braun-weiß-braunen Streifen usw. Am besten benutzt man für jede Garnfarbe eine Sticknadel, um ein dauerndes Ein- und Ausfädeln zu vermeiden.

Bogenlinien
Zickzack-, Flammen- und geometrische Muster werden durch waagrecht verlaufende Linien erreicht. Es ist jedoch auch möglich, die Wirkung von regelmäßigen Bogen zu erzielen. Dies kann man dadurch erreichen, daß beliebig viele Stiche der gleichen Farbe nebeneinander gestickt werden. Damit wird das »Flammenmuster« zu einer rollenden Welle oder Girlande; das Rhombus- oder Gittermuster zu S-Linien, Herzen oder Kreisen.
Sobald diese Möglichkeiten erkannt sind, können nahezu alle Muster selbst entwickelt werden. Durch die Anwendung einer bestimmten Farbskala kann

sogar das schwierige Nelkenmuster von S. 31 selbst aufgebaut werden. Dieses Muster ist nur eine Vereinfachung eines Musters aus dem 17. Jahrhundert und trotzdem noch sehr kompliziert.

Bogenmuster

Bei diesem Muster wird über 4 Gewebefäden, 2 Gewebefäden gegeneinander versetzt, gestickt. Als Grundlinie eine schwarze Reihe über den ganzen Stramin sticken; auf beiden Seiten davon je eine weiße Reihe anschließen. Dies sind die einzigen durchgehenden Reihen dieses Musters. Außer schwarz und weiß gibt es noch 6 weitere Farben. Man kann das Muster in nebeneinanderliegende, senkrechte Farbbänder aufteilen, die Farben laufen von hell nach dunkel und im nächsten Farbband umgekehrt. Der Farbwechsel beginnt in der unteren Bogenmitte und endet einen Stich nach der Bogenspitze.

---

1 Rapport = 91 Sti, FL = 150 cm
MB = 14,5 cm, MH = 5,5 cm

Stoff: einfädiger Stramin (Art. 115/165, 7 Gewebefäden = ca. 1 cm)

Garn: Tauben-Zephir
1. 2511 weiß
2. 2510 schwarz
3. 4399 rosenholz
4. 4336 rost
5. 4567 d'lachs
6. 3831 lachs
7. 4332 orange
8. 4331 h'orange

Links: Ein geometrisches Gittermuster stellt eine Weiterentwicklung des Zickzackmusters dar. Zuerst die Gitterlinien und dann die Rhomben sticken.

Unten: Ein Bogenmuster, bei dem nur die schwarzen und weißen Reihen durchgehend über den Stramin gestickt werden. Bei allen anderen Farben erfolgt ein Farbwechsel an den Bogenspitzen.

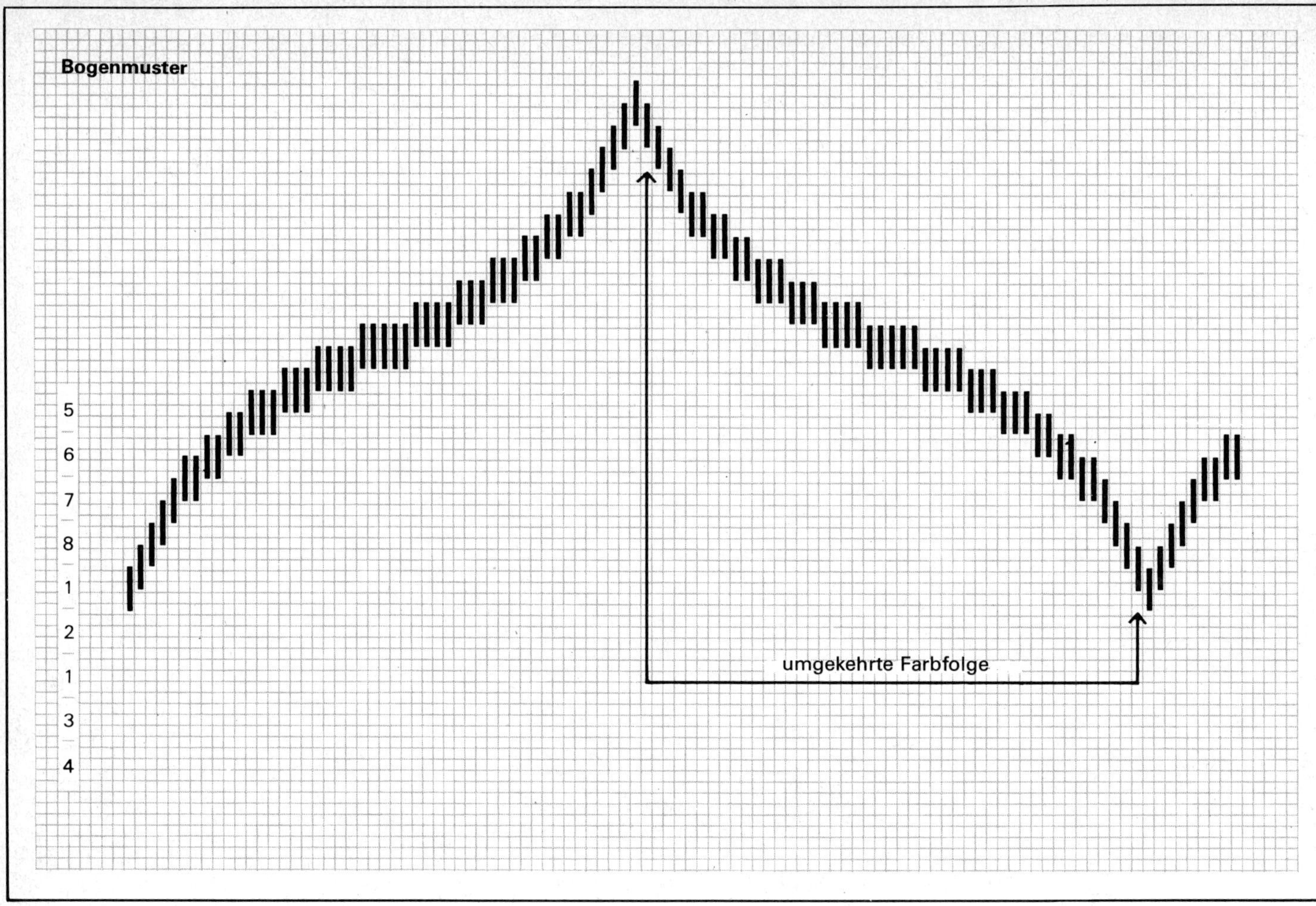

Die Brokatmotive
Durch den Platt- und Spannstich erscheint die Oberfläche einer Straminstickerei weich und regelmäßig. Es ist jedoch auch möglich, eine gemeinsame Wirkung von Farbe und Oberfläche zu erzielen. Ein gefälliges, plastisches Bild kann durch das Verändern der Stichlängen nebeneinander oder übereinander liegender Stiche erreicht werden. Dazu ist natürlich mehr Sorgfalt und Konzentration beim Sticken nötig. Diese Stickerei ist für Polsterwaren besonders geeignet, da die dichtere Qualität sie fester und dauerhafter macht. Der Verschleiß einer Stickerei hängt auch zu einem Teil von der Stickfadenlänge auf der Rückseite der Arbeit ab. Das abgebildete wirkungsvolle Muster geht zurück auf einen »Bargello«-Stuhlbezug, der sich heute im Nationalmuseum von Florenz befindet, und auf den bereits auf Seite 5 hingewiesen wurde.

Brokatmuster
Dieses Muster wird über 6 Gewebefäden um 1 Gewebefaden versetzt, sowie über 2 Gewebefäden um 1 Gewebefaden versetzt gestickt. Diese Stichfolge wiederholt sich alle 3 Reihen. Der gezeichnete ½ Rapport wird durch Spiegeln ergänzt.

---

1 Rapport = 141 Sti, FL = 155 cm
MB = 22,5 cm, MH = 14,5 cm

Stoff: einfädiger Stramin (Art. 115/165, 7 Gewebefäden = ca. 1 cm)

Garn: MEZ Perlgarn 3
1. 77 d'pink
2. 75 pink
3. 402 weiß
4. 149 blau

Eine plastische, erhabene Stickerei besonders für Polsterwaren geeignet.

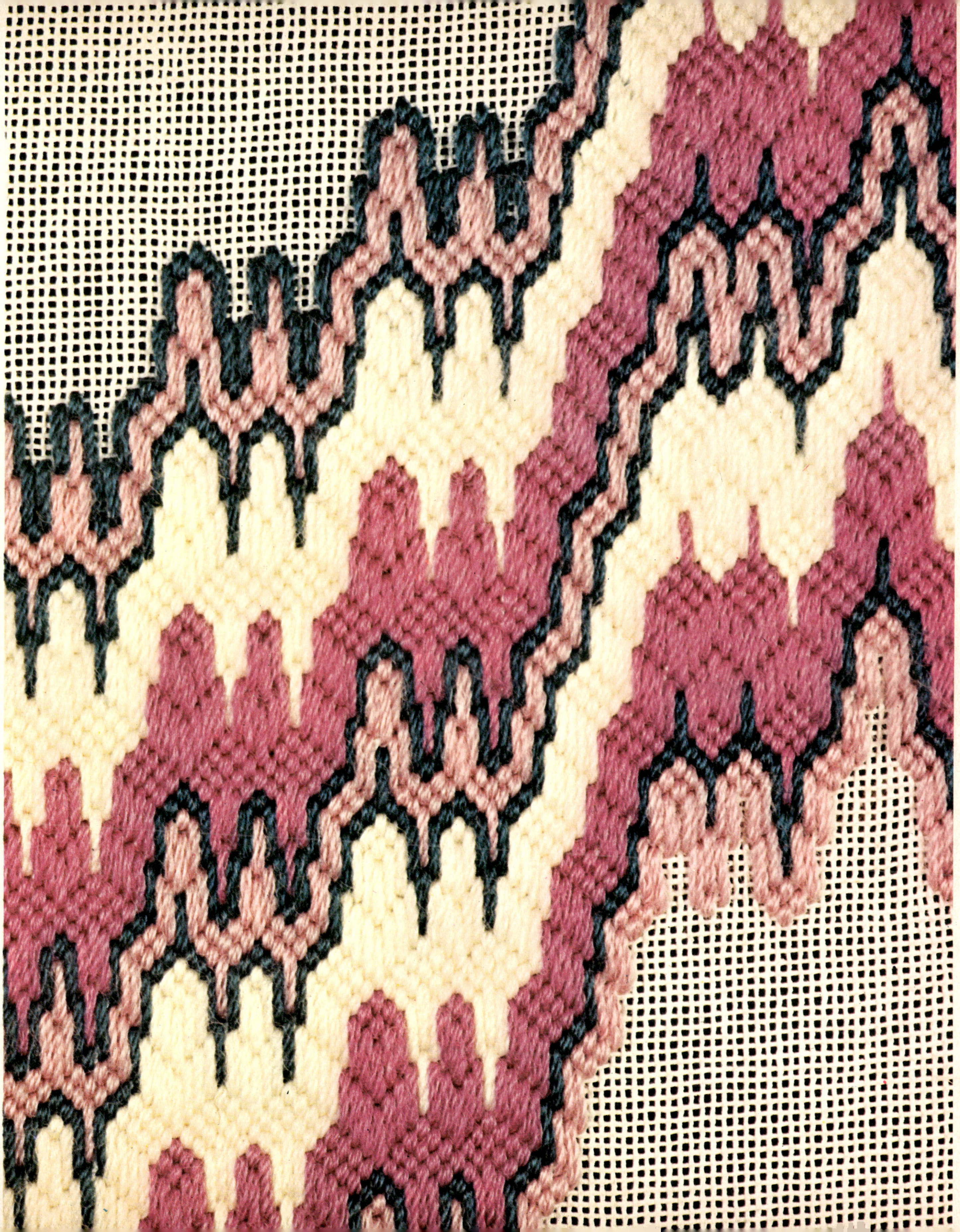

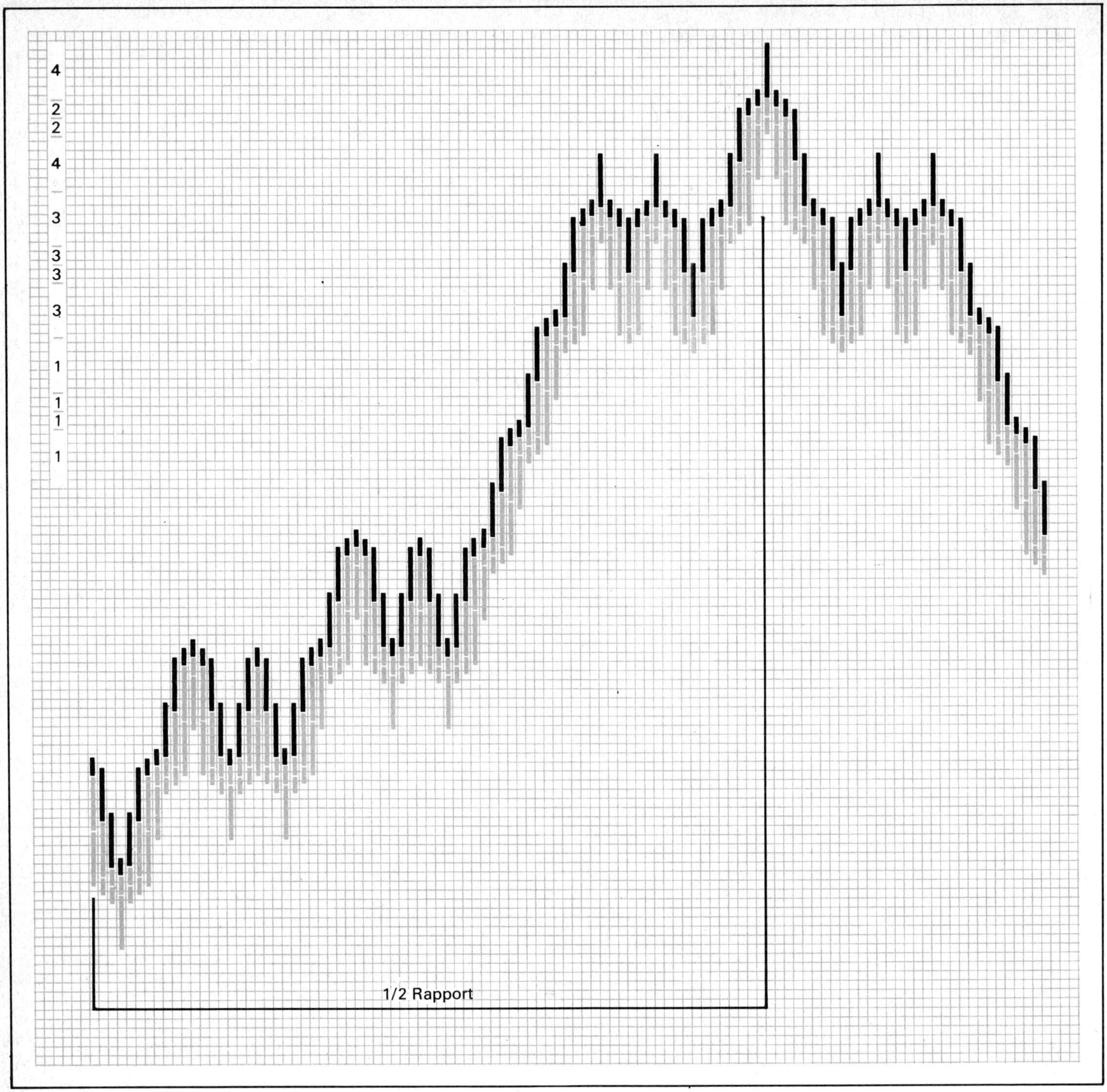

*Schemazeichnung des
Brokatmusters auf S. 10/11*

Grundsätzliches

Garn	Stramin	Nadeln
MEZ Sticktwist Strängchen je 10 m sechsfach, teilbar	halber Kreuzstich: doppelfädiger Stramin, Art. 500/60, (6 Löcher = ca. 1 cm), doppelfäd. Stramin, Art. 500/80 (8 Löcher = ca. 1 cm)	20 bei 6-fachem Garn ohne Spitze
MEZ Perlgarn 3 Strängchen je 5 g	einfädiger Stramin: Art. 115/165 (7 Gewebefäden = ca. 1 cm), doppelfädiger Stramin: Art. 500/60 (6 Löcher = ca. 1 cm)	18 ohne Spitze
MEZ Sudan-Wolle Stränge je 20 und 50 g	doppelfäd. Stramin: Art. 500/30 (30 Löcher = ca. 10 cm)	1 oder 3 ohne Spitze
MEZ Kelim-Wolle Stränge je 10 g	halber Kreuzstich: doppelfädiger Stramin Art. 39/235 (4 Löcher = ca. 1 cm), einfädiger Stramin: Art. 115/165 (7 Gewebefäden = ca. 1 cm), einfädiger Stramin: Art. 1281/52 (5 Gewebefäden = ca. 1 cm), doppelfädiger Stramin: Art. 500/52 (52 Löcher = ca. 10 cm)	16 oder 18 ohne Spitze
Tauben-Zephir Strängchen je 10 m	halber Kreuzstich: doppelfädiger Stramin Art. 39/235 (4 Löcher = ca. 1 cm), einfädiger Stramin Art. 115/165 (7 Gewebefäden = ca. 1 cm), doppelfädiger Stramin Art. 39/235 (4 Löcher = ca. 1 cm), doppelfädiger Stramin Art. 500/80 (8 Löcher = ca. 1 cm)	18 ohne Spitze

Straminstickerei führt manchmal zu einer gewagten Farbzusammenstellung. Die zarten Farbschattierungen von hell nach dunkel erhalten durch eine fremde Farbe einen wirkungsvollen Kontrast oder durch eine Komplementärfarbe eine lebhaftere Wirkung. Die Ausstrahlung vieler Handarbeiten, modern oder antik, hängt vom Farbschatten von hell nach dunkel, wie auch von der Harmonie verschiedener Farben ab.

Schemazeichnungen
Die Grundtechniken sind von Seite 6–11 beschrieben, eine Musterauswahl ist von Seite 18–31 dargestellt. Ein Blick auf die nachfolgende Tabelle hilft bei der Garn- und Straminauswahl, die im Buch verwendet werden. Alle Schemazeichnungen der Grundmuster und Musterauswahl basieren auf dem gleichen System. Für die waagrecht verlaufenden Muster wird in der Schemazeichnung die Grundreihe und ein Rapport angegeben. Wo es nötig erscheint wird die Reihenfolge der Farben in einem weißen, senkrechten Balken innerhalb der Schemazeichnung seitlich aufgeführt. Die gleiche Farbnumerierung erscheint wieder im Materialverbrauch.
Die Grundlinie zeigt den Verlauf des Musters, in der Farbschattierung findet sich der Rhythmus oder Charakter einer Arbeit. Von den Gitter- und versetzten Linienmustern wird ein Motiv mit der Farbangabe und ein Schnittpunkt angegeben.
Wenn nötig, werden die Farben in separaten Farbzählmustern dargestellt.

Abkürzungen
Folgende Abkürzungen werden in den Grundmustern (S. 6–11) und der Musterauswahl (S. 18–31) benützt: Sti = Stich, MB = Musterbreite, MH = Musterhöhe, FL = Fadenlänge.

Stramine
Für unsere Sticktechnik kann ein- und doppel-fädiger Stramin verwendet werden. Die Stiche müssen dicht nebeneinander liegen und den Stramin gut decken. Die Stärke eines Stramins wird durch die Anzahl der Löcher oder Fäden pro Maßeinheit (siehe oben) angegeben.

Garne
Alle Modelle wurden mit speziellen Handarbeitsgarnen ausgeführt. Die Garnqualitäten, die Farbnummern und der Materialverbrauch sind bei jedem Modell aufgeführt. Selbstverständlich kann jedes gewünschte Garn mit dem passendes Stramin verwendet werden, aber der Garnverbrauch und die Mustergröße wird sich entsprechend verändern. Das Experimentieren mit anderen Materialien kann möglicherweise zu reizvollen Ergebnissen führen. Ist der Faden für einen Stramin zu dick, wird die Arbeit eher brettig als weich; ist der Faden zu dünn, blitzt der Stramin durch und beeinträchtigt so die Flächenwirkung des Musters, es fehlt dann an Leuchtkraft.
Durch die Verwendung von anderem Stickmaterial verändert sich auch die

Wirkung der Stickerei, denn sie hängt davon ab, ob ein Garn locker oder stark gezwirnt ist. Wolle, die locker gezwirnt ist, glänzt weniger als Perlgarn, welches stark gezwirnt ist. Baumwollgarne glänzen mehr als Wollstickgarne.

Berechnung des Garnverbrauchs
Die Berechnung des Garnverbrauchs für ein bestimmtes Muster wird mit einiger Erfahrung mehr und mehr zur Routine. Die nachstehend aufgeführten Berechnungsmethoden sind recht praktisch für bereits weiter fortgeschrittene Stickarbeiten. Zuerst mag diese Methode schwierig erscheinen, aber dann kann allein schon die Berechnung des Garnverbrauchs interessant werden, und der Vorgang der Garnbestimmung wird bald verständlich.

Berechnung des Garnverbrauchs für kleine Flächen
Mit einem ½ m langen Faden stickt man soweit wie möglich im Muster und achtet darauf, daß der Faden gut deckt. Dann zählt man ab, wieviele Stiche man mit diesem Faden sticken konnte und berechnet danach den Garnverbrauch für die gesamte Musterreihe. Diese Anzahl wird mit der Anzahl der Reihen, die in dieser Farbe gestickt werden müssen, multipliziert. Damit kann man bei Garnen, deren Verkaufseinheit in Meter angegeben ist, leicht den Verbrauch berechnen.

Rechenbeispiel
Wenn man 3,5 Fäden von einem halben Meter Länge benötigt, um eine Musterreihe zu sticken, ergibt dies insgesamt ca. 1,75 m. Wenn im Muster 12 Reihen dieser Farbe zu sticken sind, sind dies 12x1,75 m = 21 m. Bei einem Stickgarn von 10 m Lauflänge beträgt der Verbrauch 3 Strang = 30 m.
Bei Mustern, die sich nicht auf Reihen, sondern auf einzelnen Motiven aufbauen, stickt man zuerst am besten ein Motiv bzw. einen Ausschnitt ganz aus, berechnet die Anzahl dieser Stücke auf der zu bestickenden Fläche und errechnet danach den Verbrauch wie oben.

Garnberechnung für größere Flächen
Der Materialverbrauch der Grundmuster und der Musterauswahl ist mit MEZ-Garnen berechnet. Für jedes Muster wird die Anzahl der Stiche, die Musterbreite (MB) und Musterhöhe (MH) eines Rapports und die dafür benötigte Fadenlänge angegeben. Mit Hilfe dieser Angaben ist es verhältnismäßig einfach, den Garnverbrauch einer großen Fläche in etwa abzuschätzen.

Rechenbeispiel
Um ein Kissen in der Größe 40x30 cm im Flammenmuster (siehe Grundmuster S. 6–11) zu sticken, nimmt man ein Stück Stramin, das rundherum 10 cm größer als das fertige Kissen ist. Der Stramin läßt sich dann leicht in den Rahmen spannen und montieren (hier also 60x50 cm). Bei der Berechnung des Garnverbrauchs von Tauben-Zephir muß folgendes beachtet werden: bei dem Flammenmuster ist die Musterbreite (MB) = 5,6 cm, die Musterhöhe (MH) = ca. 4,8 cm und die Fadenlänge (FL) für 1 Rapport = ca. 65 cm. Der Rapport wird, bei einer Kissenbreite von 40 cm ca. 7,2 mal wiederholt. Für eine Reihe benötigt man also ca. 4,7 m. Ein Farbrapport besteht aus 11 Reihen; jeder Stich greift über 4 Gewebefäden. Die Höhe eines Farbrapports von dunkel nach hell ist ungefähr ca. 4,8 cm. Bei einem Kissen von 30 cm Höhe müssen daher 6,3 Farbrapporte gestickt werden. Von jeder Farbe werden also ca. 6 Reihen gestickt. Eine Reihe = ca. 4,7 m. Für das ganze Kissen 4,7 m mal 6,3. Für das Ausfüllen der Musterstücke am Rand rechnet man nochmals etwa 1–2 m. Ein Strang Tauben-Zephir ist 10 m lang. Für ein 40x30 cm großes Kissen braucht man demnach 4 Strang von jeder Farbe. Aus dem restlichen Garn wird eine Kordel als Randabschluß gedreht. Nach diesem Schema kann die Berechnung des Garnverbrauchs für alle weiteren Modelle aus unserer Musterauswahl von Seite 18–31 vorgenommen werden.

Grundregeln zur Garnberechnung
Die Anzahl der Stiche, die mit einem ½ m langen Faden gestickt werden kann, ist durch die Straminstickerei nach Methode 1 (siehe S. 15) festgelegt worden. Bei einem Muster mit Plattstichgruppen wie beim Bogenmuster werden jedoch aus einem Faden weniger Stiche gearbeitet.

Nadeln
Für die Stickerei auf Stramin verwendet man immer Sticknadeln ohne Spitze mit einem großen Öhr, in das sich der Stickfaden leicht einfädeln läßt. Jeder einzelne Stich wird in die gleiche Einstichstelle wie der Stich der vorhergehenden Reihe gestochen. Mit einer spitzen Nadel würde man evtl. in den Stickfaden stechen, wodurch das Muster unsauber und das Garn beschädigt würde. Die Nadelstärken gehen von der groben Nr. 18 bis zur feinen Nr. 24. Für die meisten Garne sind die Stärken 18 und 20 richtig. Die Nadelstärke muß zum Garn und Stramin passen. Die Gewebefäden des Stramins sollen weder durch die Nadel noch durch den Faden auseinandergedrückt werden.

Stickrahmen – ja oder nein
Es richtet sich nach dem persönlichen Geschmack, ob man die Stickerei im Rahmen arbeiten will oder nicht. Die Stickerei kann immer gleichmäßig werden, ob sie in der Hand oder im Rahmen gestickt wird. Wenn jedoch ein Rahmen verwendet wird, dann sollte er rechteckig sein.
Diese Art Rahmen besteht aus 4 Leisten, die zusammengesteckt werden; an 2 gegenüberliegenden Leisten kann der Stramin mit Reißnägeln, an den beiden anderen Leisten mit starkem Faden an Bändern befestigt werden.

Einspannen
1. An allen 4 Seiten des Stramins Stoffstreifen annähen, am besten mit der Nähmaschine.
2. Die Mitte des Stramins auf die Mitte einer Leiste legen, und den Stramin nach außen gehend mit Reißnägeln festzwecken. Dann auf der gegenüberliegenden Seite (siehe Abb.) ebenso verfahren.
3. Die Befestigung an den beiden anderen Seiten wie folgt ausführen: auf beiden Seiten einen starken Faden (Perlgarn) mit einer dicken Nadel einnähen (siehe Abb.). Den Faden von der Mitte ausgehend straff anziehen und an den Kreuzungspunkten des Rahmens fest-

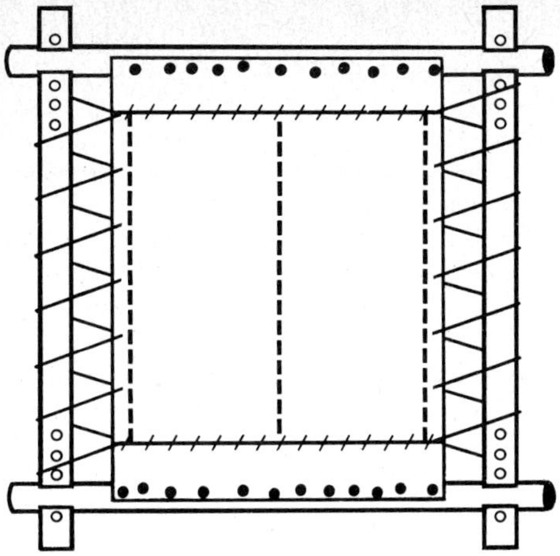

binden. Ein Nachspannen während des Arbeitens wird so möglich.

Arbeitsweise

Vorbereiten des Stramins
In den Materialangaben ist beim Stoffverbrauch bereits eine Stoffzugabe für die Montage mit angegeben. Den Stramin mit Zickzackstichen versäubern. Das Ausfransen vermindert die Fläche eines groben Stramins sehr schnell.

Mit einem großen Stück Stramin läßt sich leichter arbeiten, wenn der Teil des Stoffes, den man gerade nicht bestickt, aufgerollt und festgesteckt wird. Selbst bei einfachen Mustern erleichtern aufgeheftete Hilfslinien das Sticken und Montieren. Am besten heftet man die senkrechte und waagrechte Mittellinie und zeichnet die fertige Modellgröße

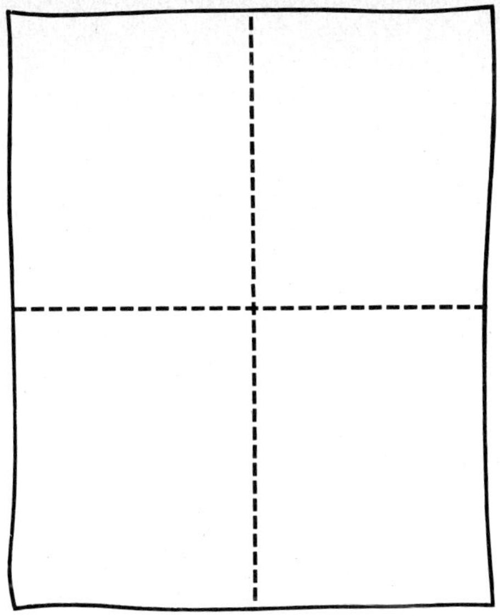

durch. Diese Linien kann man auch mit einem harten Bleistift auf den Stramin zeichnen. Die Spitzen eines Musters müssen immer auf dem gleichen Gewebefaden liegen.

Vorbereiten des Garns
Beim Sticken mit verschiedenen, sehr ähnlichen Farbtönen können Verwechslungen entstehen. Für die Beibehaltung der richtigen Farbfolge sind einige sehr einfache Hilfsmittel von Nutzen. Auf dem Papierumband trägt jedes Stickgarnsträngchen die Farbnummer. Dieser Umband muß immer mit dem Garn zusammen bleiben. Die Strängchen werden in der Reihenfolge, in der sie verstickt werden, ausgelegt.

Verschiedene Stiche
Der Musterreichtum der Straminstickerei basiert auf einfachsten Stichen. Die nachfolgenden Schemata zeigen einige Stiche, die über 4 Gewebefäden (dargestellt durch den Gittergrund) gearbeitet werden. Alle Stiche können aber über eine andere Anzahl von Gewebefäden gestickt werden. Die Ausführung bleibt dabei die gleiche. Die gepunkteten Linien zeigen den Stickfadenverlauf auf der Rückseite des Stramins.
Der Plattstich ist der Grundstich. Er wird in einer geraden Reihe über die gleiche Anzahl von Gewebefäden gestickt und sieht auf der Rückseite ähnlich wie auf der Vorderseite aus. In dem Muster

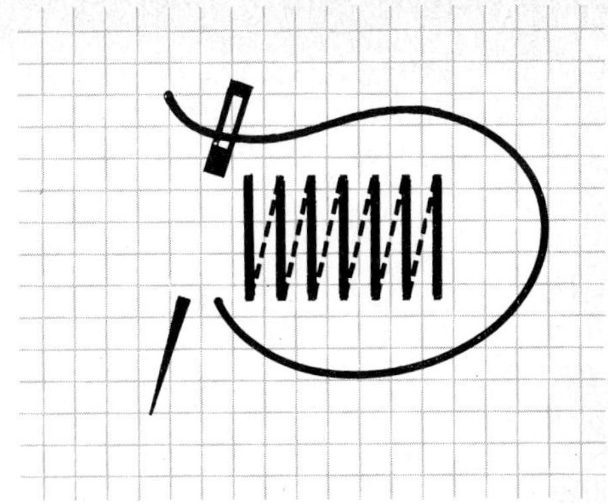

»Bogenlinien« stickt man kleine Gruppen von Plattstichen gegeneinander versetzt und nennt sie »versetzte« Plattstiche.

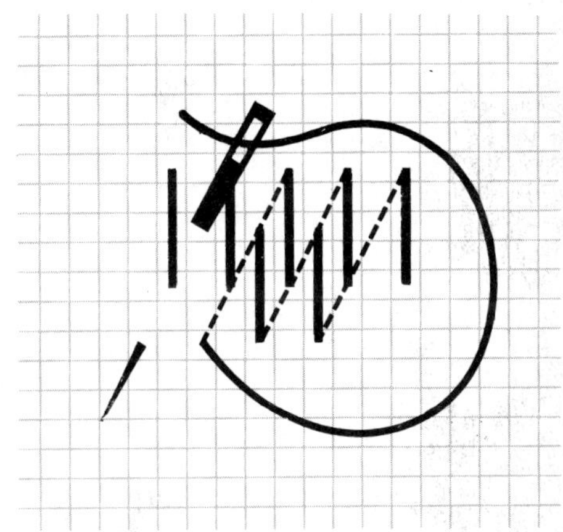

Der Nelkenstich wird nach einer etwas anderen Methode gearbeitet. Er ist sehr vorteilhaft für das Ausfüllen großer Flächen in einer Farbe.
Der Straminstich wird bei vielen Flächenmustern angewendet. Seine Eigenart ist die fortlaufend unterbrochene Reihe, die das Ineinanderstechen verschiedener Farben ermöglicht.
Methode 1 Hierfür benötigt man verhältnismäßig wenig Garn, da auf der Rückseite als Übergang von Stich zu Stich nur ein kleiner, schräger Stich nötig ist. Die Stickrichtung wechselt dadurch beim Arbeiten laufend von unten nach oben und oben nach unten.
Methode 2 Man benötigt dazu durch den eingeschobenen, langen Stich mehr Garn. Abwandlungen der Stra-

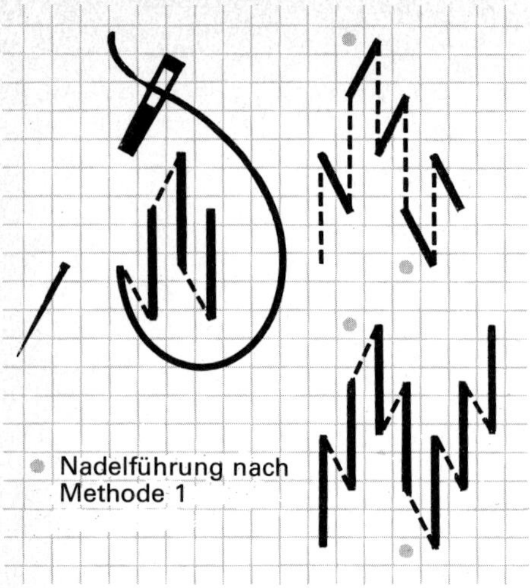

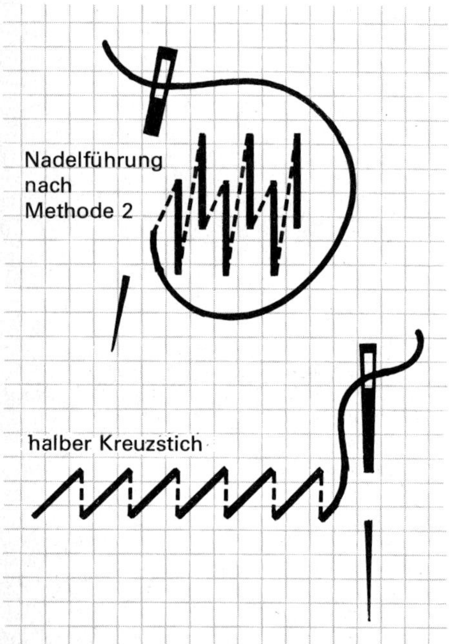

minmuster mit schräg verlaufenden Stichen können im halben Kreuzstich gearbeitet werden.

Mustersticken
Alle Muster setzen sich aus den wenigen angeführten Grundstichen zusammen. Sie werden in unterschiedlichen Gruppen angeordnet und verlaufen in Kurven oder Zackenlinien, siehe Seite 9. Kurven entstehen durch die entsprechende Anordnung gegeneinander versetzter Stichgruppen. Die nebenstehende Zeichnung zeigt Kurven und Spitzen, die sich aus Stichen zusammensetzen, die über 4 Gewebefäden 2 gegeneinander versetzt, gestickt sind. In jeder Stickerei können verschiedene Stichgruppen auftreten. Wenn man einmal die Grundidee dieser Stickerei verstanden hat, wird jedes Muster leicht nachzuarbeiten sein, wie schwierig es auf den ersten Blick auch erscheinen mag.

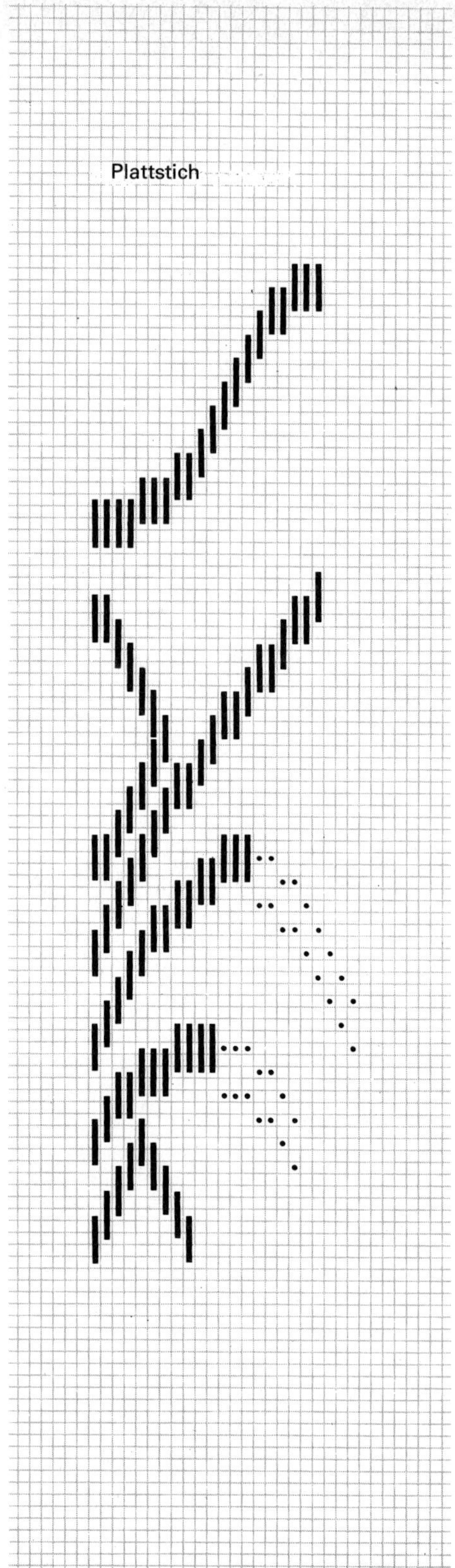

Anmerkungen zum Sticken
Mit einem Faden von ca. 1 m Länge läßt sich am besten arbeiten. Das Ende des Fadens knoten und etwa 6–7 cm vom ersten Stich entfernt in den Stramin stechen. Die ersten Stiche ausführen, den Knoten abschneiden und den Faden mit 3–4 kleinen Steppstichen unsichtbar auf der Rückseite befestigen. Den nächsten Faden in den letzten Stichen des vorherigen Fadens vernähen. Die End- und Anfangsfäden sollten nicht an der gleichen Stelle vernäht werden, da der darüberliegende Stich dann dicker wirkt und auffällt.

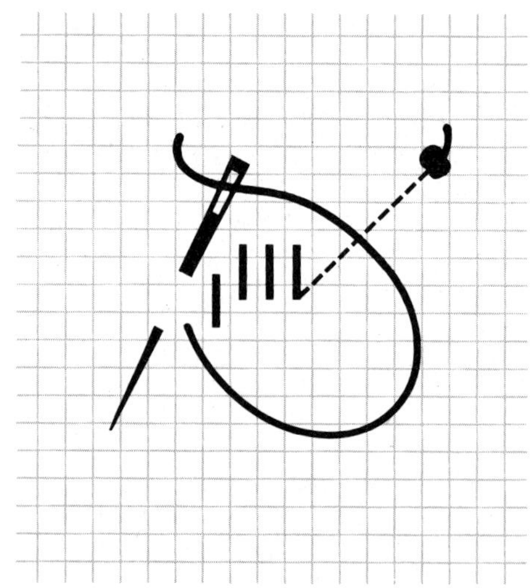

Welchen Stich anwenden? Die geringen Unterschiede der Oberfläche zwischen den beiden Stickmethoden und dem Nelkenstich verschwinden nach dem Spannen.
Die Grundreihe: Bei allen Mustern, egal ob Flammen-, Zickzack- oder Bogenmuster, kommt es auf die exakte Ausführung der ersten Reihe, der Grundreihe, an. Bei einigen baut sich das gesamte Muster über oder unter der Grundreihe

auf; bei anderen wird jede durch die Grundreihe entstandene Fläche einzeln ausgestickt. Auf dieser Reihe baut sich ein Muster beinahe automatisch auf. Es zählt sich leichter, und es entstehen weniger Fehler, wenn man beim Sticken den Ein- und Ausstich der Nadel in zwei Arbeitsgängen ausführt. Verzählt man sich und bemerkt den Fehler erst später, sollte man den aufgetrennten Faden nicht wieder verwenden.

Sticken nach der Schemazeichnung mit Grundreihe

Bei vielen Mustern, die auf einer Grundreihe aufgebaut sind, wiederholen sich Kurven und Spitzen so regelmäßig, daß man die Stickerei an jeder beliebigen Stelle auf dem Stramin beginnen könnte. Die Farbschatten wiederholen sich über und unter der Grundreihe; am Rand des Modells wird durch das Sticken von halben Stichen, die bis in die Naht gehen, eine glatte Kante erreicht.

Symmetrie

Bei quadratischen oder rechteckigen Kissen und bei jeder anderen symmetrischen Arbeit, wird bei der Mittellinie begonnen. Die Grundreihe von der Mitte nach beiden Seiten sticken, bei der zweiten Reihe können dann die gezählten Stiche nochmals überprüft werden. Es fällt wohl zuerst nicht auf, wenn an einer Stelle zwei statt nur einem Stich sind, aber die Harmonie der Arbeit wird gestört. Wenn die erste Reihe richtig gestickt wurde, erübrigt sich weiteres Zählen.

Schnitte auf Stramin übertragen

Diese Methode läßt sich auf jeden Schnitt anwenden, gleich, welches Stück in Straminstickerei bestickt werden soll, wie z. B. das Vorhangband von S. 50. Der Schnitt wird in Originalgröße auf ein Stück Papier übertragen. Bei Bekleidungsstücken arbeitet man am besten nach einem gekauften Schnittmuster. Den Stramin über den Schnitt legen, den Fadenlauf beachten. Die Schnittform kann mit einem harten Bleistift einfach übertragen werden, da sie gut durch den Stramin zu sehen ist. Die Stickerei bis über die Schnittform sticken und erst nach Beendigung der Stickerei zuschneiden (siehe auch Muster rechts).

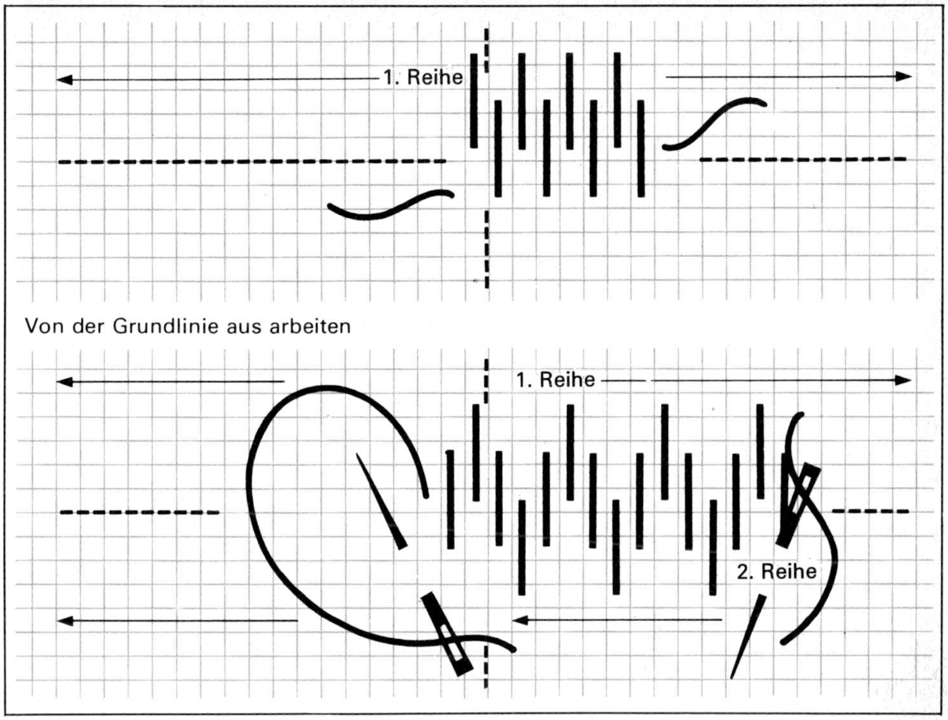

Straminmaß für Stühle und Hocker

Um das richtige Straminmaß für einen Stuhlbezug, einen Fußschemel oder Kaminhocker zu erhalten, richtet man sich am besten nach dem alten Bezug. Danach einen Papierschnitt anfertigen und alle nicht zu stickenden Teile einzeichnen, z. B. Ecken, die eingeschlagen werden. Den Papierschnitt wie beschrieben auf den Stramin übertragen und an der breitesten Stelle des Schnitts noch etwa 5 cm Stramin zugeben. Den Bezug sticken und den Stramin erst zur Montage zurechtschneiden.

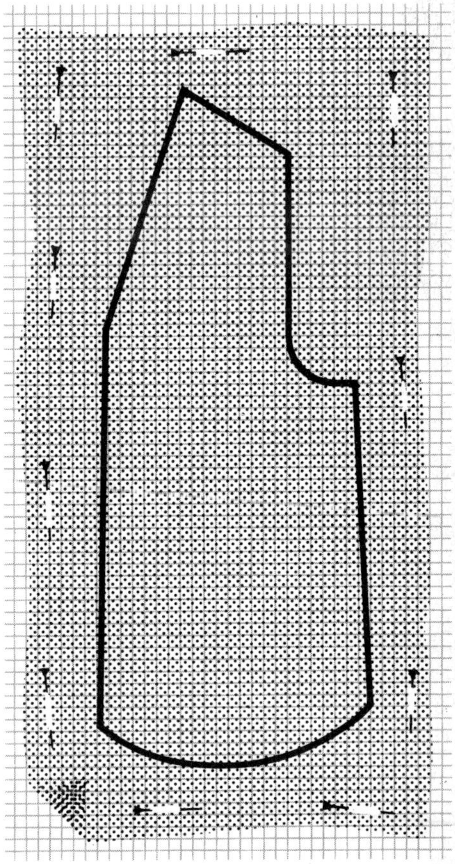

Muster-auswahl

Eine wunderschöne Sammlung von farbenfrohen Kissen. Genaue Anleitung, Farbangabe und Zeichenerklärung der meisten dieser Muster finden Sie in der umfassenden Mustersammlung der Seiten 18–31 die übrigen Motive wurden bereits in der Einführung erläutert. Kombinieren Sie Muster, lassen Sie Farben weg oder nehmen Sie welche hinzu. Beginnen Sie mit einfachen, sich wiederholenden Formen. Erarbeiten Sie sich die Muster, um sie kennenzulernen, bis hin zur interessanten, aber etwas schwierigen Nelke, dem höchsten Ziel dieser Technik.

Gotikmuster

Ein waagrechtes Motiv ist zusammengesetzt aus Bogen- und Flammenmuster. Die Stiche sind über 6 Gewebefäden, 3 gegeneinander versetzt, gespannt. Stärkeres Bogen erhält man durch größere Stiche über 6 Gewebefäden; beim Romanikmuster nur über 4 Gewebefäden sticken.

1 Rapport = 87 Sti, FL = 210 cm
MB = 14,1 cm, MH = 10,2 cm

Stoff: einfädiger Stramin (Art. 115/165, 7 Gewebefäden = ca. 1 cm)

Garn: MEZ Kelim-Wolle

1. 3222 weiß	7. 3425 gelb
2. 3370 gelb	8. 3427 orange
3. 3229 gelb	9. 3322 rot
4. 3230 gelb	10. 3426 orange
5. 2998 gelb	11. 3182 mandarin
6. 3208 gelb	12. 3181 mandarin

Romanikmuster

Dies ist ebenfalls ein waagrechtes Muster, bei dem das Weiß zwischen zwei dunklen Farben einen harten Kontrast ergibt. Die Stiche gehen über 4 Gewebefäden um 2 Gewebefäden gegeneinander versetzt. Im Muster werden Zickzack- und Bogenmuster verbunden.

1 Rapport = 73 Sti, FL = 1,40 m
MB = 11,3 cm, MH = 5,9 cm

Stoff: einfädiger Stramin (Art. 115/165, 7 Gewebefäden = ca. 1 cm)

Garn: MEZ Kelim-Wolle

1. 3204 weiß	7. 3155 flieder
2. 3153 aubergine	8. 3225 flieder
3. 3169 aubergine	9. 3290 rosé
4. 3158 aubergine	10. 3893 rosé
5. 3157 flieder	11. 3066 rosé
6. 3156 flieder	12. 3894 rosé

Granatapfel

Dieses Granatapfelmuster wird über 4 Gewebefäden, um 2 Gewebefäden ge-

MB = 7,5 cm, MH = 9 cm

Stoff: einfädiger Stramin (Art. 115/165, 7 Gewebefäden = ca. 1 cm)

Garn: MEZ Kelim-Wolle

1. 3208 orange	46 Sti, FL = 80 cm
2. 3426 orange	43 Sti, FL = 80 cm

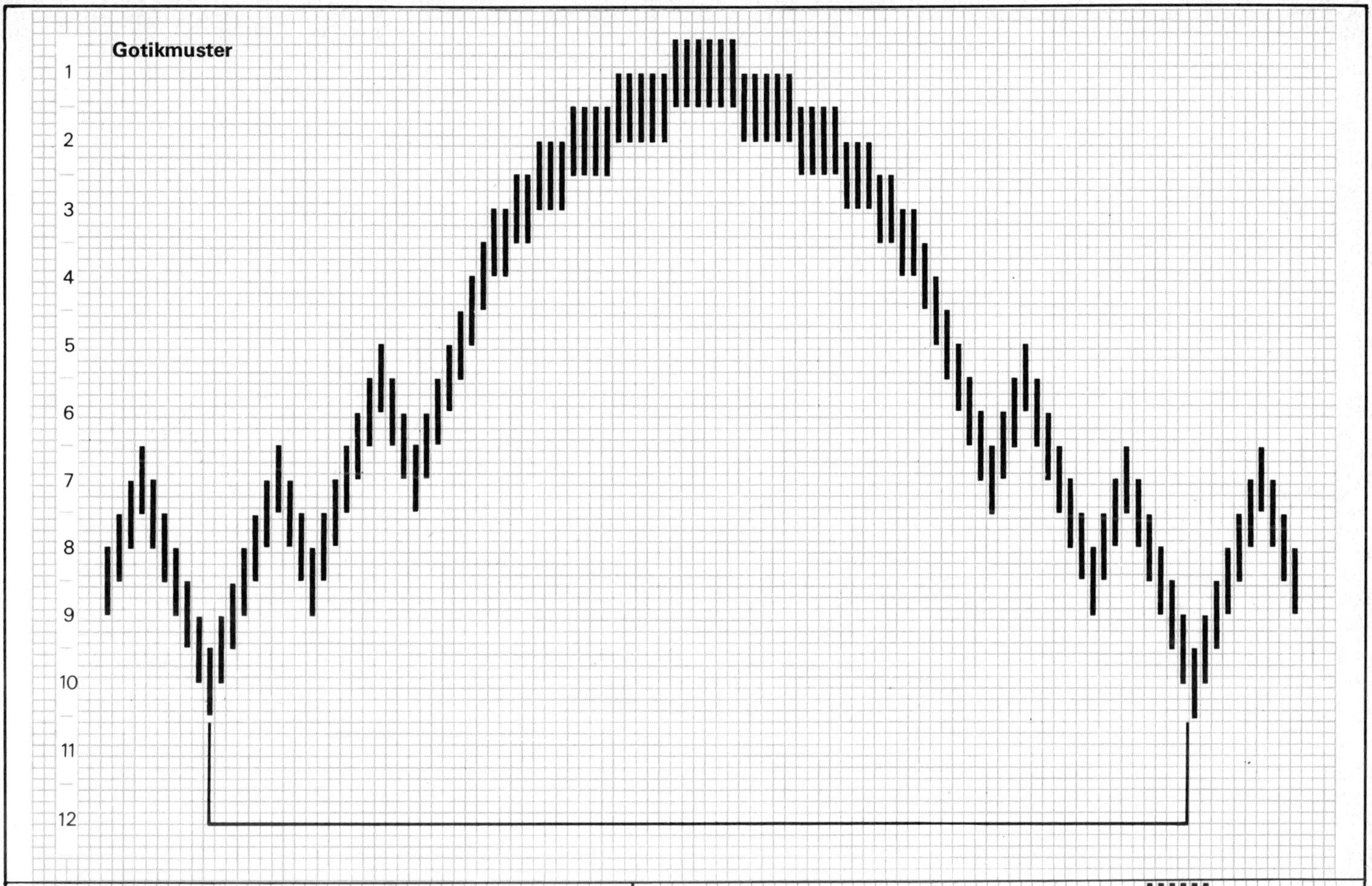
Gotikmuster
1
2
3
4
5
6
7
8
9
10
11
12

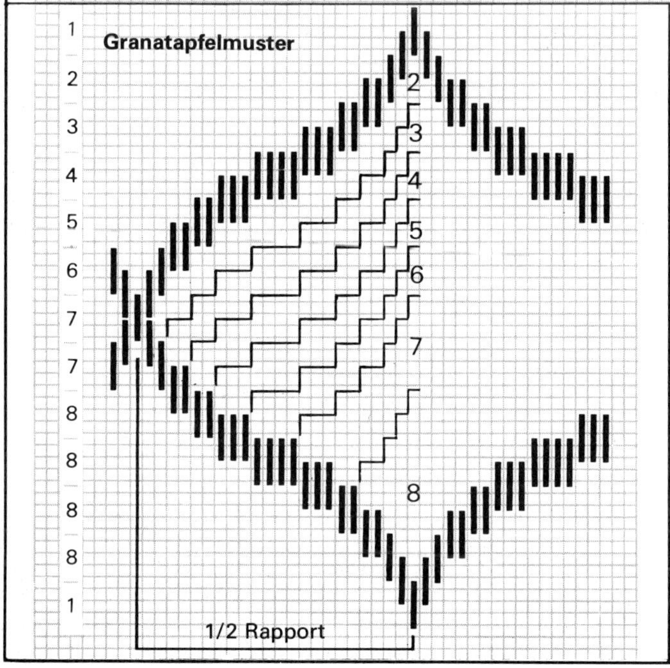
Granatapfelmuster
1
2
3
4
5
6
7
7
8
8
8
8
1
2
3
4
5
6
7
8
1/2 Rapport

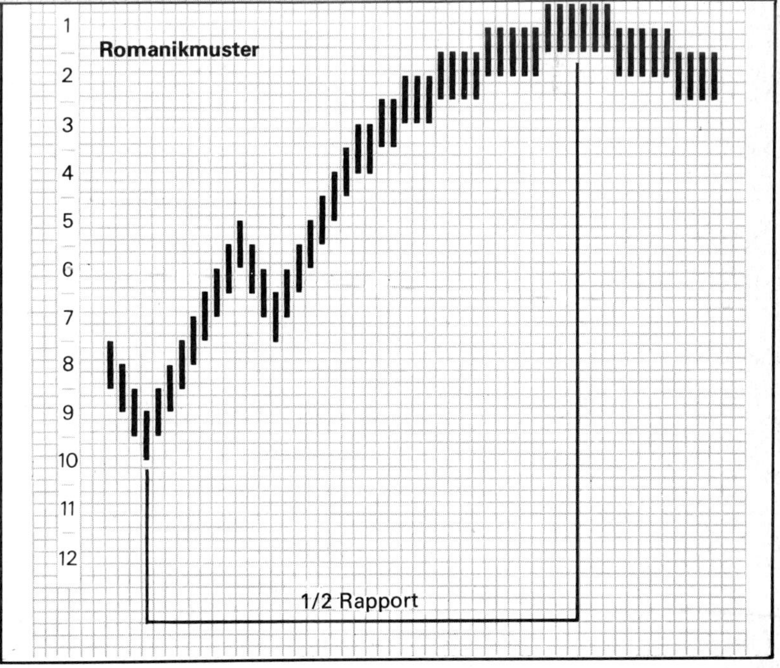
Romanikmuster
1
2
3
4
5
6
7
8
9
10
11
12
1/2 Rapport

3. 3427 orange 41 Sti, FL = 76 cm
4. 3262 orange 39 Sti, FL = 72 cm
5. 3322 rot 35 Sti, FL = 70 cm
6. 3056 schwarz 27 Sti, FL = 60 cm
7. 3222 weiß 19 Sti, FL = 60 cm
8. 3421 zitrone 18 Sti, FL = 60 cm

geneinander versetzt, gestickt. Die waagrechte, gebogene Linie in Farbe 1 arbeiten. Das Gleiche versetzt über die erste Reihe sticken. Die Flächen der Farbangabe entsprechend aussticken.

Sterne auf einem gestreiften Untergrund
Dieses Muster ist wiederum 4 Gewebefäden lang und 2 gegeneinander versetzt. Die Streifen gehen strahlenförmig vom mittleren Stern aus. Senkrechte und waagrechte Mitte auf dem Stramin angeben. Den mittleren, weißen Stern auf die Mitte sticken. Die blauen Streifen nach der Schemazeichnung und Farbfolge ausführen.

im Streifen 52 Sti, FL = 82 cm

Stoff: einfädiger Stramin (Art. 115/165, 7 Gewebefäden = ca. 1 cm)

Garn: MEZ Kelim-Wolle
1. 3222 weiß = 76 Sti, FL = 115 cm
2. 3257 blaßblau = 8 Sti, FL = 30 cm
3. 3453 m'blau
4. 3456 d'blau
5. 3451 h'blau

Würfel
Jeder Würfel wird in 3 Farbschattierungen gestickt: die Frontseite (hell) im Nelkenstich über 4 Gewebefäden um 2 Gewebefäden versetzt, die Seitenansicht und die Aufsicht (beide farblich dunkler) über 4 Gewebefäden 3 gegeneinander versetzt. Für dieses Muster wählen Sie die Farben nach Ihrem Geschmack aus.

MB = 3,8 cm, MH = 3,8 cm

Stoff: einfädiger Stramin (Art. 115/165, 7 Gewebefäden = ca. 1 cm)

Garn: MEZ Kelim-Wolle
Frontseite hell = 61 Sti, FL = 100 cm
Aufsicht mittel = 32 Sti, FL = 60 cm
Seitenansicht dunkel = 32 Sti, FL = 60 cm.

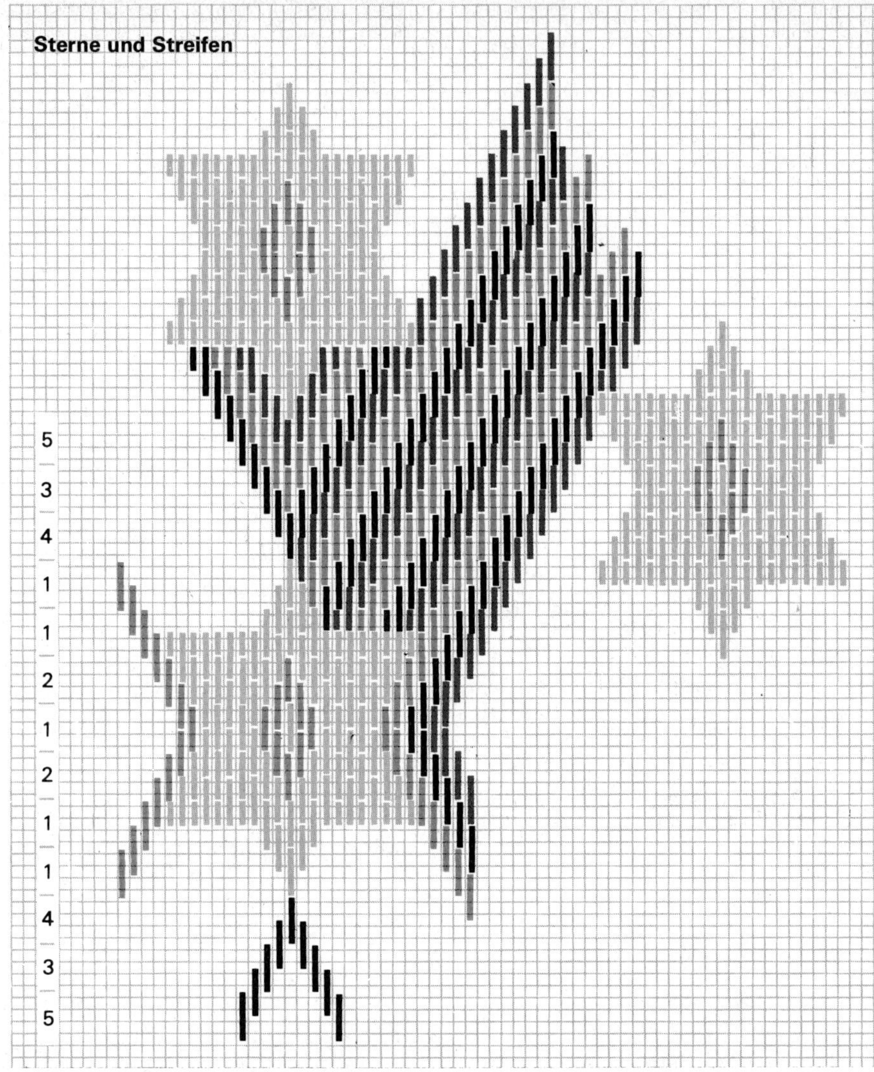

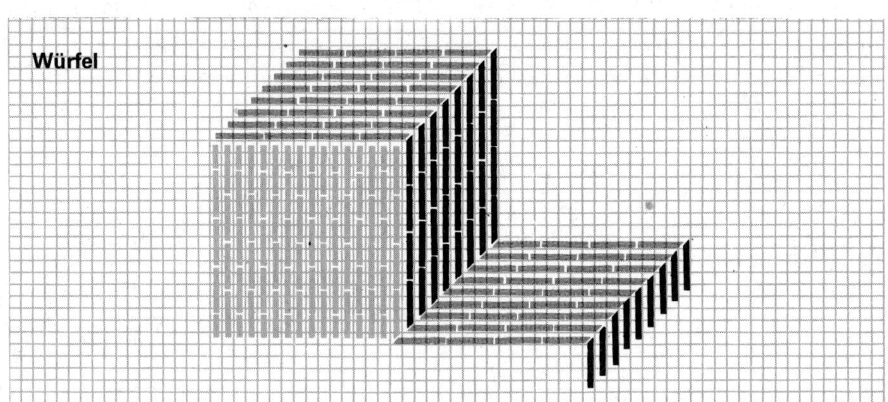

Waben

Es wird über 4 Gewebefäden, um 2 Gewebefäden versetzt, gestickt. Die Plattstich-Blocks und diagonalen Linien in Farbe 5 ergeben die Waben. Weitere Gruppen von Plattstichen und diagonalen Linien füllen die Zwischenflächen aus. Die Plattstich-Blocks werden untereinander gestickt.

Wabenlinien 1 Rapport = 35 Sti, FL = 50 cm
Größe der Innenfläche MB = 3 cm, MH = 4,2 cm

Stoff: einfädiger Stramin (Art. 115/165, 7 Gewebefäden = ca. 1 cm)

Garn: Tauben-Zephir

1. 2511 weiß	27 Sti, FL = 50 cm
2. 4331 orange	28 Sti, FL = 50 cm
3. 4332 orange	17 Sti, FL = 30 cm
4. 3822 orange	19 Sti, FL = 32 cm
5. 3812 rost	

Gitter

Zum Aussticken dieses interessanten, verflochtenen Gittermusters muß man mit voller Konzentration arbeiten. Zuerst wird eine weiße Raute gestickt, um diese herum werden die farbigen Außenlinien angelegt. Es wird über 4 Gewebefäden, um 2 gegeneinander versetzt, gestickt. Für jede Farbe hat man eine Sticknadel. Im Anschluß an die Raute die passenden Farben sticken und den Faden mit Nadel hängen lassen und bei Bedarf weitersticken. Dadurch kann man größere Zählarbeit umgehen. Am besten beginnt man in der senkrechten Mitte einer Arbeit und führt sie nach außen gehend aus.

1 Rapport von einem Kreuzungspunkt zum nächsten = 22 Sti, FL = 35 cm, Rhombus Farbe 9 = 25 Sti, FL = 52 cm
MB = 3,6 cm, MH = 8,5 cm

Stoff: einfädiger Stramin (Art. 115/165, 7 Gewebefäden = ca. 1 cm)

Garn: MEZ Kelim-Wolle

1. 3370 h'gelb	6. 3187 d'orange
2. 3371 gelb	7. 3017 oliv
3. 3230 gelb	8. 3002 braun
4. 3425 gelb	9. 3222 weiß
5. 3000 gelb	

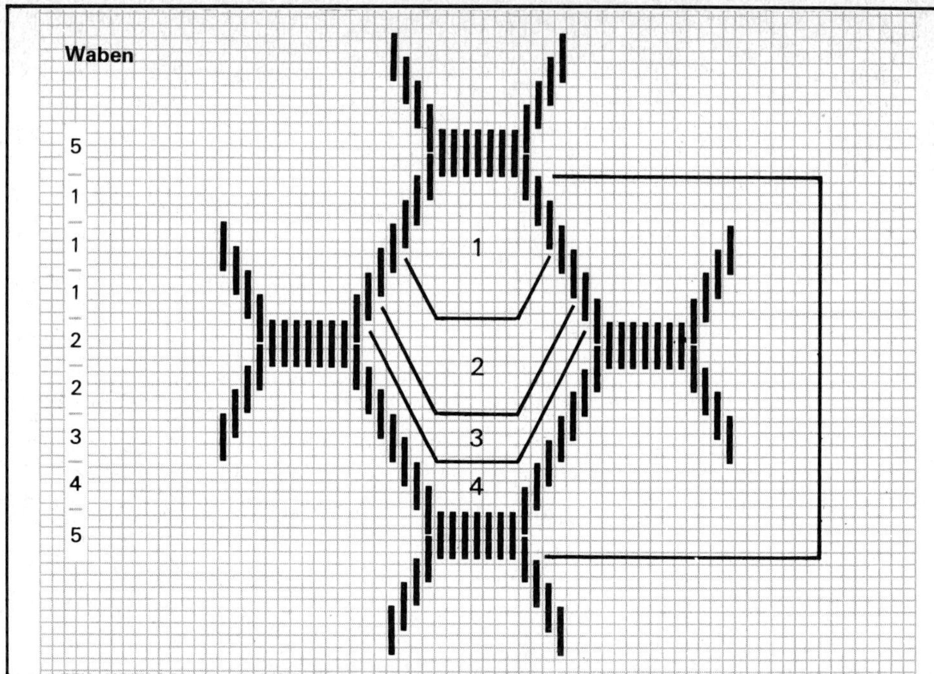

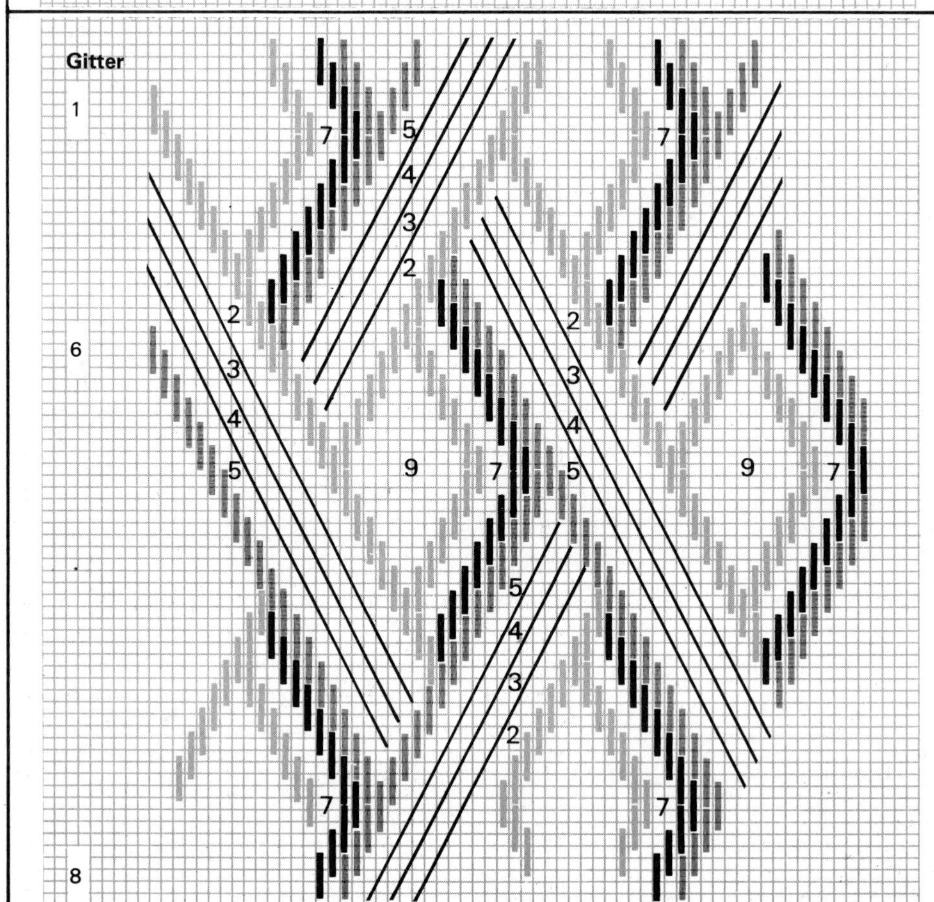

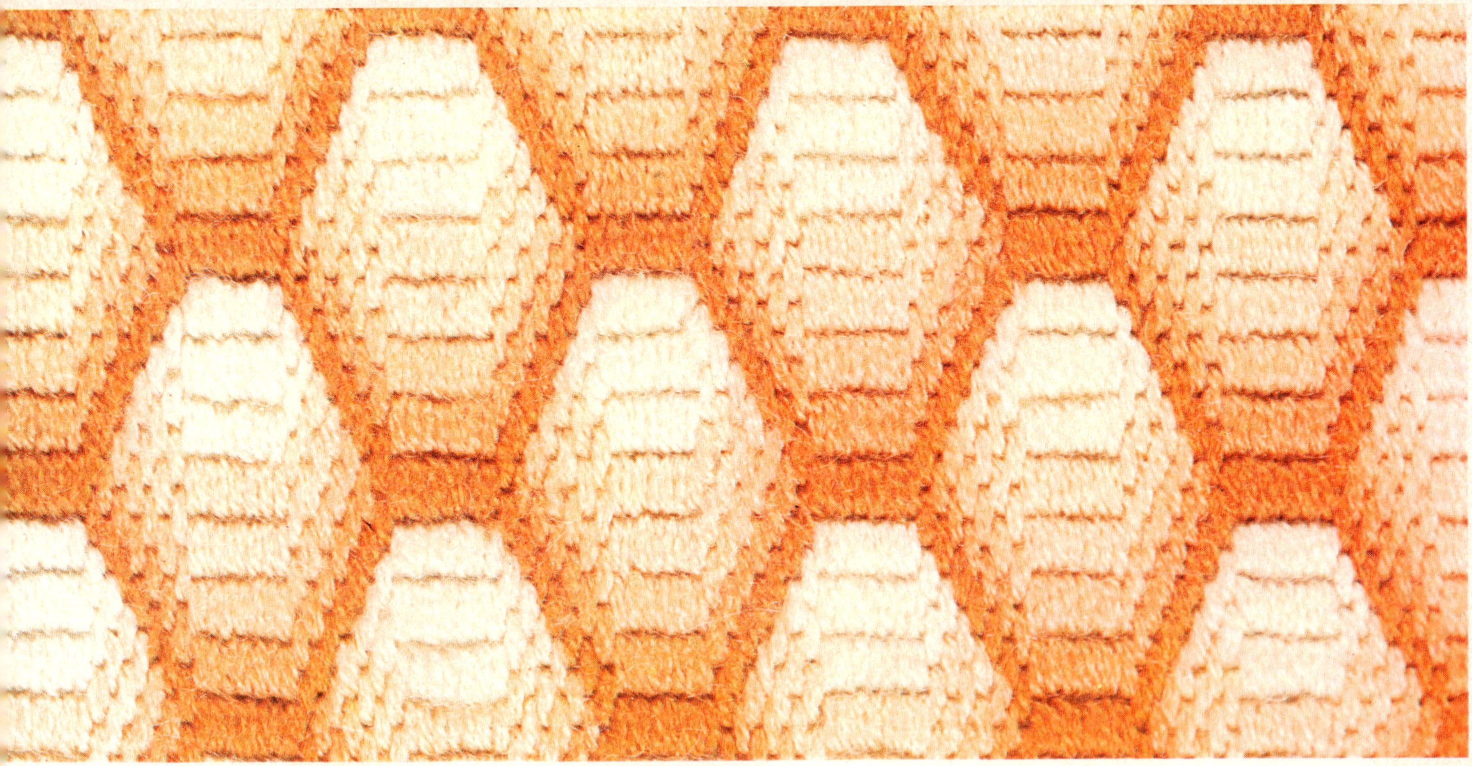

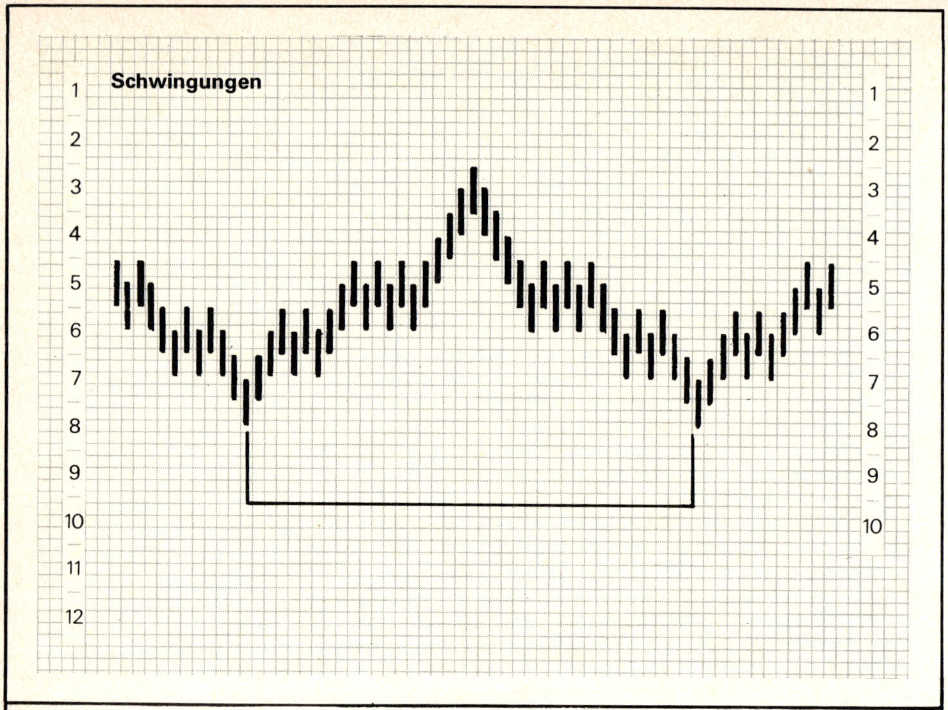

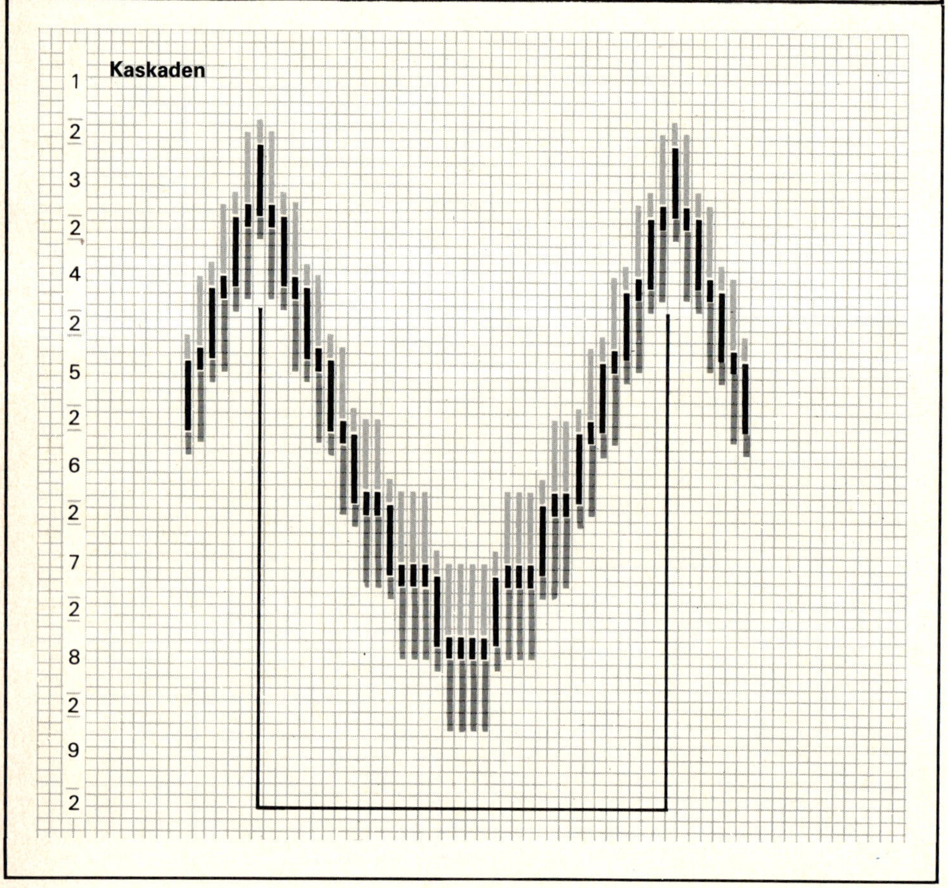

Kaskaden
Dies ist ein Muster, das über 6 Gewebefäden 2 gegeneinander versetzt gestickt wird. Die Ausführung ist wesentlich einfacher, als es zuerst den Anschein hat. Es ist ein fortlaufendes, waagrechtes Muster, bei dem lange und kurze Stichreihen abwechseln. Nach jeder Reihe einer Farbe aus dem Farbschatten wird eine dünne Linie in Blaßgelb gestickt. In Blaßgelb wechseln sich die Blocks in Plattstich über 2 Fäden mit einem einzelnen Stich über 6 Gewebefäden ab. Der Farbschatten läuft von Oliv nach Zitrone bis kräftig Orange und zurück.

1 Rapport = 38 Sti, FL = 65 cm
MB = 5,9 cm, MH = bei Dessin A 7,5 cm
MH = bei Dessin B 6,2 cm

Stoff: einfädiger Stramin (Art. 115/165, 7 Gewebefäden = ca. 1 cm)

Garn: MEZ Kelim-Wolle

Dessin A	Dessin B
1. 3023 d'grün	1. 3204 weiß
2. 3237 grün	2. 3000 gelb
3. 3043 grün	3. 3372 gelb
4. 3236 grün	4. 3371 gelb
5. 3099 grün	5. 3370 gelb
6. 3085 blaßgrün	6. 3001 gold
7. 3204 weiß	7. 3015 gold
8. 3370 gelb	8. 3160 malve
9. 3371 gelb	9. 3053 malve
10. 3424 gelb	10. 3040 braun
11. 3372 gelb	
12. 3001 gold	

Schwingungen

Dies sind 2 gleiche Muster mit der gleichen Linienführung über 4 Gewebefäden um 2 gegeneinander versetzt. Die unterschiedliche Wirkung der Muster A und B wird allein durch den harten Farbkontrast bei Muster B von weiß zwischen zwei dunklen Farben hervorgerufen. Im Muster A zeigt sich dagegen eine allmähliche Abstufung von hell nach dunkel und dunkel nach hell.

1 Rapport = 35 Sti, FL bei Stichen über 6 Fäden = 63 cm

FL bei Stichen über 2 Gewebefäden = 54 cm

MB = 5,5 cm, MH = 7 cm

Stoff: einfädiger Stramin (Art. 115/165, 7 Gewebefäden = ca. 7 cm)

Garn: MEZ Kelim-Wolle

1. 3015 oliv	6. 3425 orange
2. 3204 weiß	7. 3426 orange
3. 3000 gelb	8. 3262 orange
4. 3372 gelb	9. 3187 orange
5. 3371 gelb	

Versetzte Rhomben

Ein einfaches Muster aus versetzten Zickzackreihen mit einer durchgehenden weißen Gitterlinie. Zuerst stickt man je eine schwarze und weiße waagrechte Zickzacklinie, daran anstoßend die versetzte, durchgehende schwarze Zickzackreihe. Nun werden die Rhomben in den angegebenen Farben ausgestickt.

Größe eines Rhombus 84 Sti (weiße Außenlinie) FL = 148 cm
Jede weitere Stickreihe nach innen wird 8 Sti kleiner
FL = für 8 Sti 11 cm
MB = 6,8 cm, MH = 14,8 cm

Stoff: einfädiger Stramin (Art. 119/165, 7 Gewebefäden = ca. 1 cm)

Garn: MEZ Kelim-Wolle

1. 3056 schwarz	5. 3068 altrosé
2. 3222 weiß	6. 3070 altrosé
3. 3066 altrosé	7. 3893 blaßrosa
4. 3067 altrosé	8. 3084 aubergine

Gitter mit Winkelmotiven

Dieses Muster wird über 4 Gewebefäden um 2 versetzt gestickt. Die 2 Reihen des grünen Gitters zuerst sticken, danach die Rauten mit den Winkelmotiven ausfüllen. Das Dunkelgrün wird mit 3 verschiedenen Farbstellungen in rot kombiniert. Die verschiedenen Farbstellungen werden im Muster versetzt angeordnet.

MB = 3 cm, MH = 6,2 cm
Größe des Gitters (hellgrün) 36 Sti, FL = 55 cm
Winkel 24 Sti, FL = 41 cm, Rhomben 4 Sti, FL = 7 cm
d'grüne Innenfläche 36 Sti, FL = 64 cm

Stoff: einfädiger Stramin (Art. 115/165, 7 Gewebefäden = ca. 1 cm)

Garn: MEZ Kelim-Wolle

1. 3100 h'grün	5. 3306 rot
2. 3394 d'grün	6. 3927 rot
3. 3248 d'pink	7. 3542 orange
4. 3246 h'pink	8. 3540 koralle

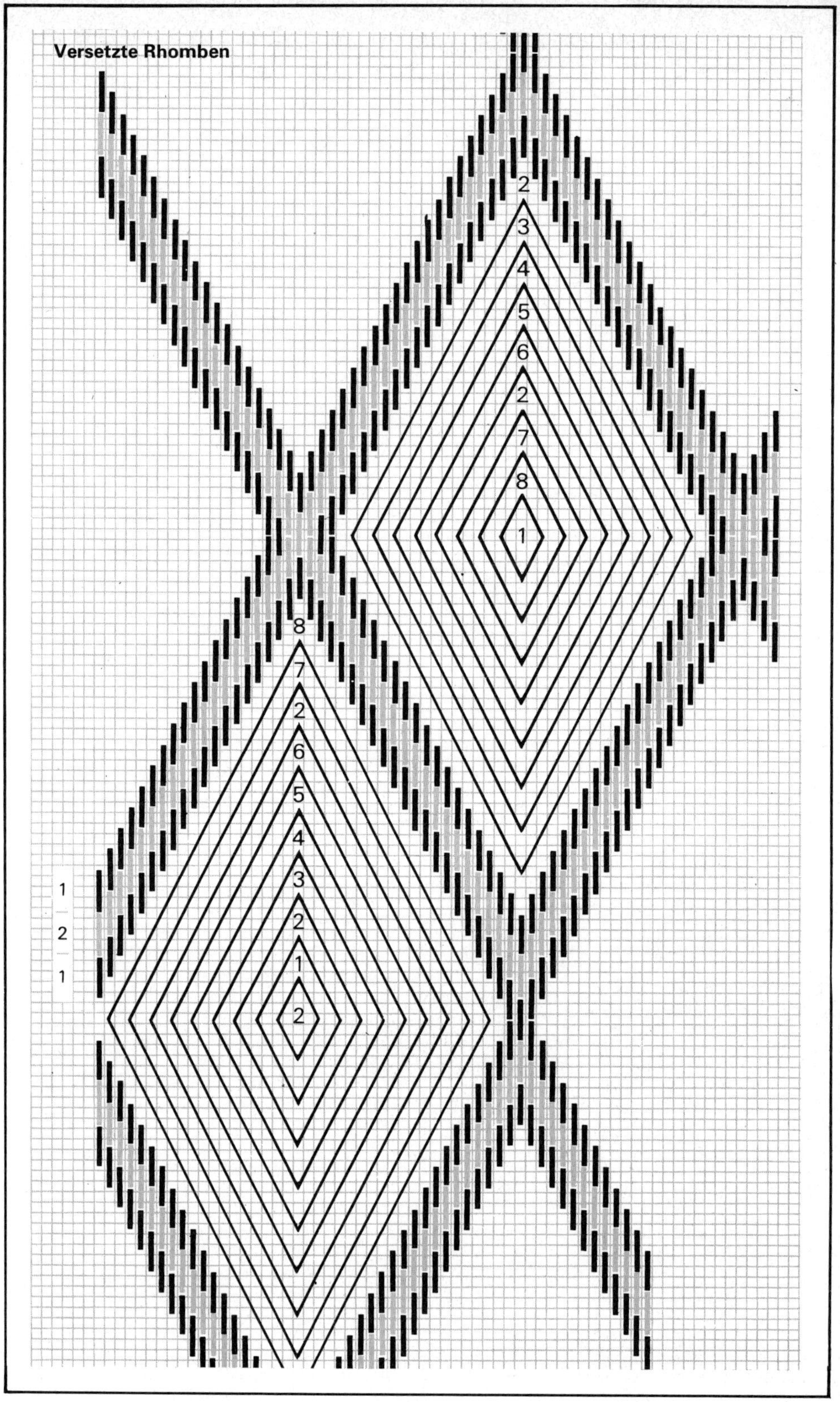

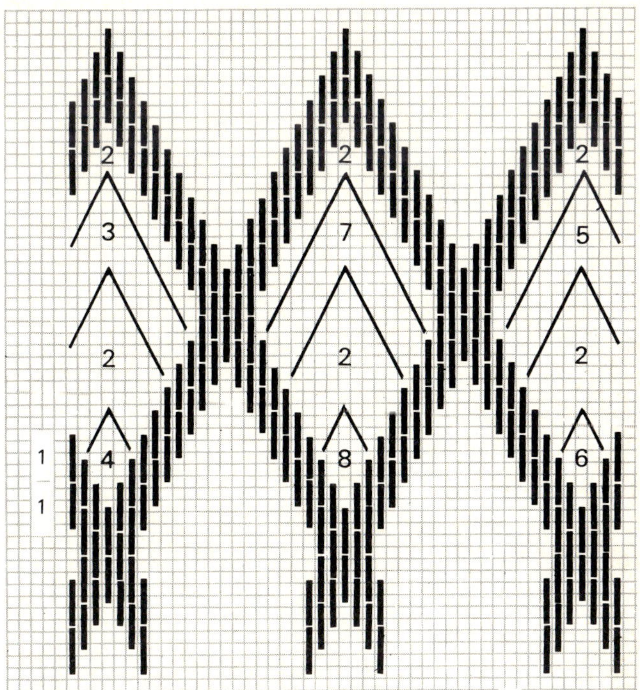

Gitter mit Winkelmotiven

Gletscher

Das Muster wird über 4 Gewebefäden um 2 versetzt gestickt. Als Grundlinie stickt man eine hin- und hergehende Reihe, bei der die Stelle, an der sich beide Reihen treffen auch der Mittelpunkt ist. Die entstandene Form in der angegebenen Farbschattierung ausstikken.

MB = 9,5 cm, MH = 11,7 cm
Stoff: einfädiger Stramin (Art. 115/165, 7 Gewebefäden = ca. 1 cm)

Garn: MEZ Kelim-Wolle

1. 3153 d'aubergine	60 Sti, FL =	87 cm
2. 3094 h'blau	121 Sti, FL =	180 cm
3. 3095 blau	66 Sti, FL =	98 cm
4. 3077 m'blau	88 Sti, FL =	144 cm
5. 3030 d'blau	104 Sti, FL =	167 cm
6. 3069 pink	112 Sti, FL =	172 cm

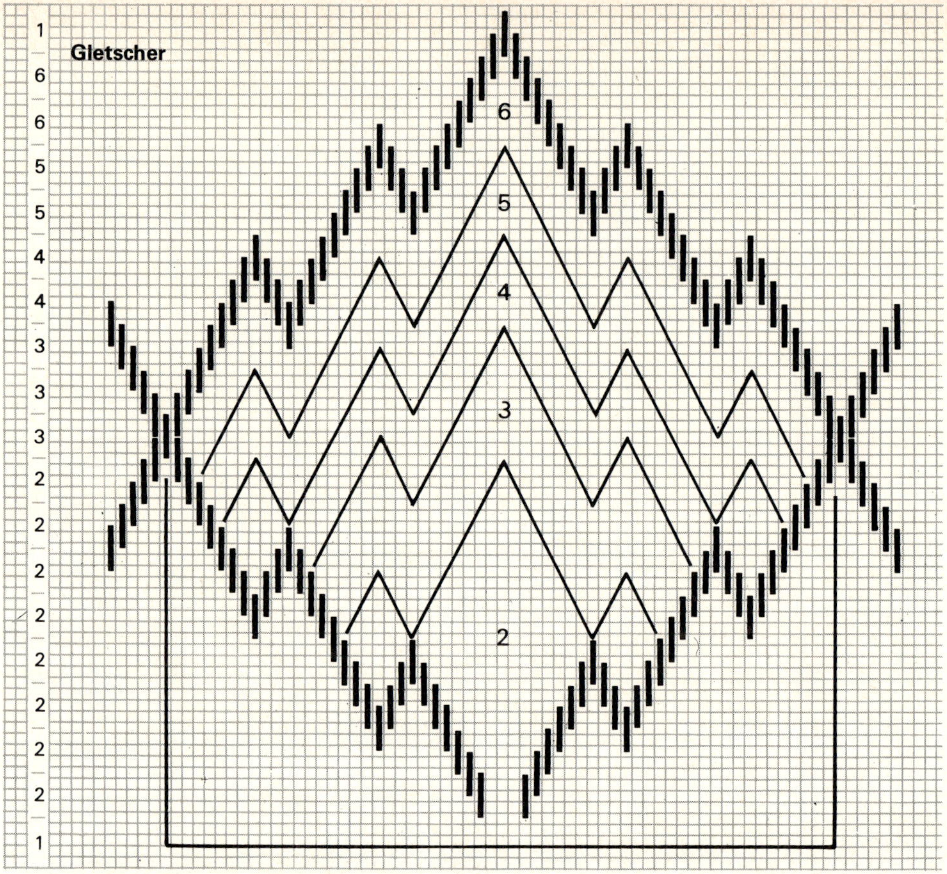

Nelken

Es wird eine Anzahl von Zickzack- und Rhombenmustern mit abgewandelten Umrissen, über 4 Gewebefäden um 2 versetzt, gestickt. Zuerst diese Fläche in der Grundfarbe sticken. Dann die Flächen innerhalb jedes einzelnen Motives aussticken, damit an der Motivspitze beginnen.

MB = 13,6 cm, MH = 14,7 cm
1 Nelkenmotiv = 205 Sti, 1 m = 70 Sti

Stoff: einfädiger Stramin (Art. 115/165, 7 Gewebefäden = ca. 1 cm)

Garn: Tauben-Zephir

1. 4360 pink	194 Sti,	FL =	260 cm
2. 4466 aubergine	78 Sti,	FL =	115 cm
3. 4433 d'rot	69 Sti,	FL =	95 cm
4. 4396 blaßrosa	102 Sti,	FL =	141 cm
5. 4517 h'pink	100 Sti,	FL =	139 cm
6. 4519 d'pink	50 Sti,	FL =	69 cm
7. 4403 lavendel	72 Sti,	FL =	95 cm
8. 4488 m'purpur	16 Sti,	FL =	30 cm
9. 4490 d'purpur	41 Sti,	FL =	81 cm
10. 2375 d'türkis	57 Sti,	FL =	88 cm
11. 2371 türkis	54 Sti,	FL =	85 cm
12. 4419 grün			

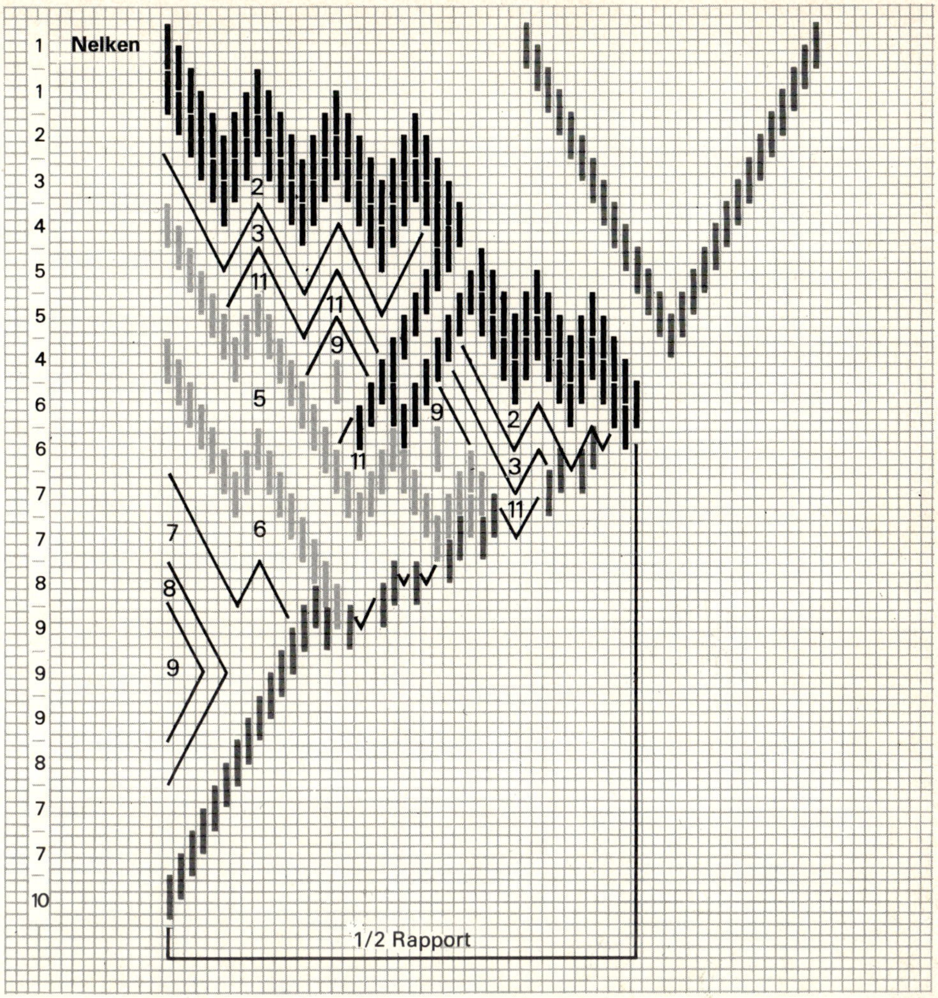

Es ist gar nicht so schwierig diese hübschen, dekorativen Kissen selbst herzustellen. Die genauen Anleitungen dazu finden Sie auf den vorhergehenden Seiten.

Stramin-Motive

Dieses Beispiel eines wirkungsvollen Teppichs, der in einer beeindruckenden Vielfalt von Straminmustern bestickt ist, leitet das Kapitel der Modelle ein. Für Gürtel und Taschen, für Kissen und Stuhlbezüge finden Sie eine Unmenge schöner Vorschläge. Die Anleitungen zum Nähen und Montieren der einzelnen Modelle sind auf Seite 68–71 zu finden.

Kleine Geschenke

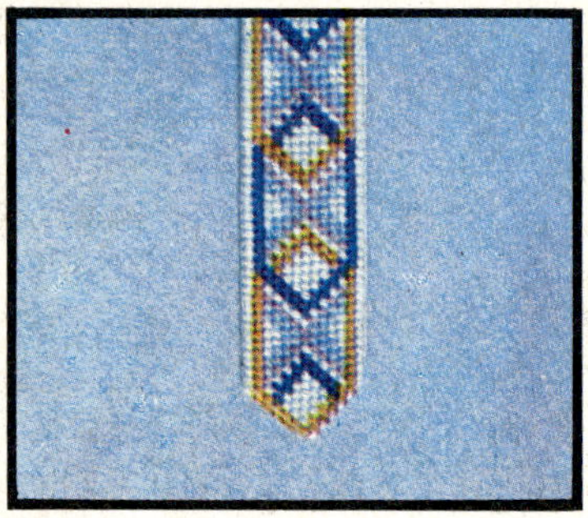

Richten Sie sich nach dem jeweiligen Zählmuster und den Farberklärungen. Die fertige Arbeit muß dann gespannt und montiert werden (S. 68/69).

Gürtel

Größe ca. 5 cm breit in der gewünschten Länge

Stoff: 15 cm x gewünschte Länge, doppelfädiger Stramin (Art. 39/235, 4 Löcher = ca. 1 cm)
ca. 15 cm x gewünschte Länge Futterstoff
1 gekaufte Schließe
Sticknadeln ohne Spitze

Stich: halber Kreuzstich

Für den Untertritt einige Zentimeter zusätzlich sticken

Garn: Tauben-Zephir je 1 Strang

1. 2371 türkis
2. 4463 blau
3. 4486 lila
4. 4416 oliv
5. 4670 d'blau

Feuerzeug-Etui

Größe ca. 4 x 24 cm

Stoff: ca. 8 x 28 cm doppelfädiger Stramin (Art. 500/60, 6 Löcher = ca. 1 cm)
ca. 8 x 28 cm Futterstoff
1 Stück Gummiband ca. 2 cm breit
Sticknadeln ohne Spitze

Stich: halber Kreuzstich

Eine Fläche von 7 x 12,5 cm aussticken

Garn: MEZ Sticktwist je 1 Strang

1. 167 türkis
2. 145 blau
3. 109 lila
4. 281 oliv
5. 133 d'blau

Haarband

Größe ca. 7 x 16,5 cm

Stoff: ca. 18 x 50 cm einfädiger Stramin (Art. 115/165, 7 Gewebefäden = ca. 1 cm)
ca. 18 x 50 cm Futterstoff
ca. 60 cm dünne Kordel
Sticknadeln ohne Spitze

Garn: Tauben-Zephir je 1 Strang
Farben siehe Gürtel

Brillenetui

Größe ca. 6 x 7 cm

Stoff: ca. 13 x 23 cm doppelfädiger Stramin (Art. 39/235, 4 Löcher = ca. 1 cm)
ca. 13 x 23 cm Futterstoff
ca. 30 cm feine Kordel
Sticknadeln ohne Spitze

Stich: halber Kreuzstich

Fläche von 37 x 7 cm aussticken

Garn: Tauben-Zephir je 1 Strang
Farben siehe Gürtel

Etui für Puderdose

Größe ca. 9,5 x 9,5 cm

Stoff: ca. 18 x 28 cm einfädiger Stramin (Art. 115/165, 7 Gewebefäden = ca. 1 cm)
ca. 18 x 28 cm Futterstoff
ca. 30 cm dünne Kordel
Sticknadeln ohne Spitze

Fläche von 9,5 x 19 cm besticken

Garn: Tauben-Zephir je 1 Strang
Farben siehe Gürtel

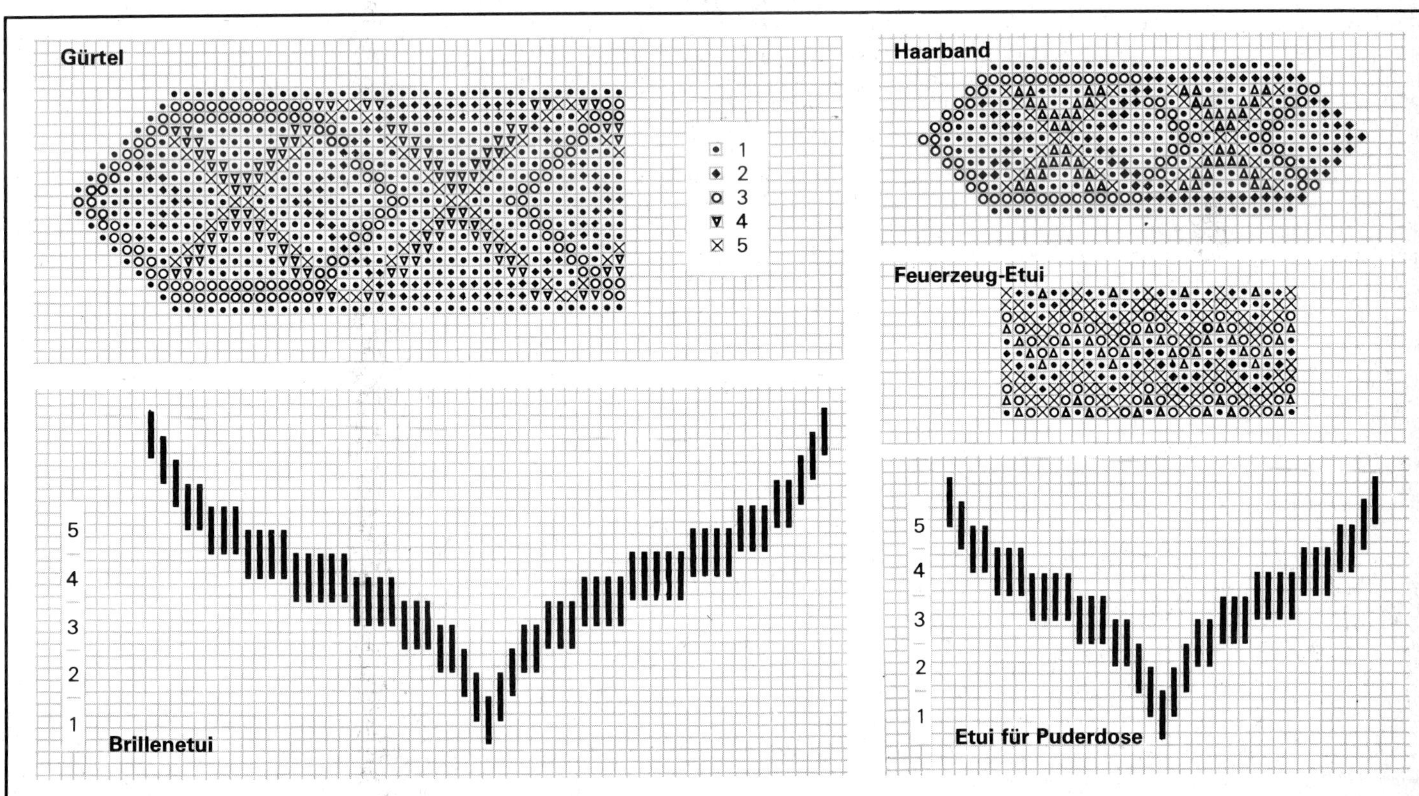

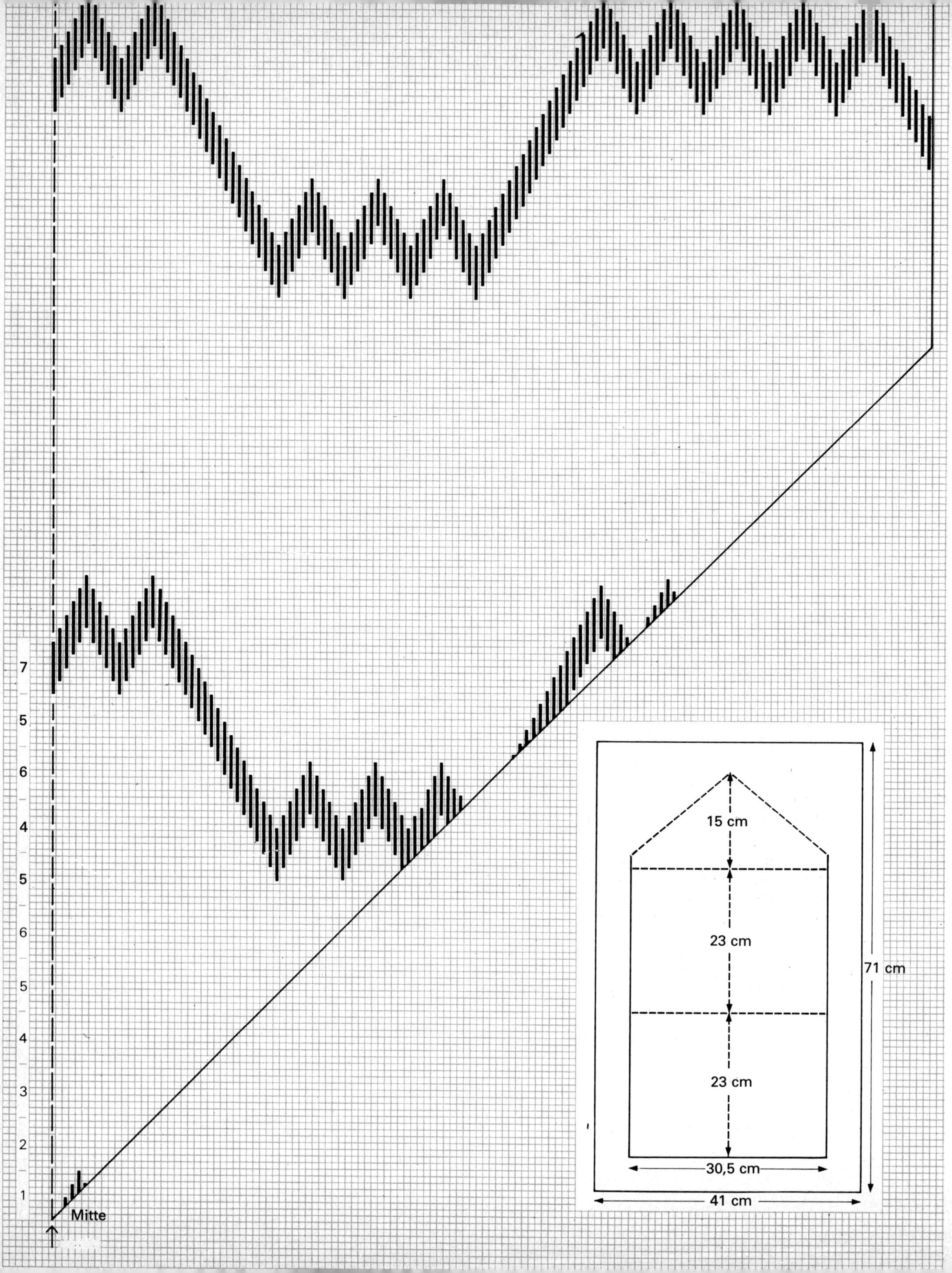

7
5
6
4
5
6
5
4
3
2
1
Mitte
15 cm
23 cm
23 cm
71 cm
30,5 cm
41 cm

Unterarm-tasche

Die Taschenmaße entsprechend der Schnittverkleinerung vergrößern und mit einem harten Bleistift auf den Stramin übertragen. Nach dem Zählmuster mit Tauben-Zephir sticken. An der Spitze der Taschenklappe beginnen und diese wie angegeben aussticken. Ein Stich greift über 8 Gewebefäden und ist um 2 Gewebefäden gegen den anderen versetzt. Der Rapport, bestehend aus 7 Farben, ist 11 Reihen breit und wird mustergemäß fortlaufend über die Taschenfläche gestickt. Beim Zusammenklappen darauf achten, daß die Muster der Tasche und der Taschenklappe sich genau decken – siehe Foto. An Taschenklappe und Taschenrand, wenn nötig, verkürzte Stiche arbeiten. Um die Stikkerei zum Versäubern eine Reihe Steppstiche in Farbe 5 sticken. Spannen, füttern und montieren wie auf Seite 68/69 erklärt.

Größe ca. 23 x 30 cm

Stoff: ca. 41 x 71 cm doppelfädiger Stramin (Art. 500/80, 8 Löcher = ca. 1 cm)
ca. 90 x 90 cm Futterstoff – auch für die beiden seitlichen Keile
ca. 70 x 90 cm aufbügelbare Einlage
Sticknadeln ohne Spitze
1 großer Druckknopf

Garn: Tauben-Zephir

1. 3812 braun	8 Strg.
2. 3822 gold	8 Strg.
3. 2885 gold	24 Strg.
4. 2684 beige	16 Strg.
5. 2682 beige	15 Strg.
6. 2513 beige	8 Strg.
7. 2685 oliv	8 Strg.

Unterarmtasche in Regenbogenfarben

Diese hübsche Unterarmtasche entstand aus bunten Regenbogenfarben. Durch die Abstufung der Farben wird ein Schuppeneffekt erzielt.

Die Stiche werden 4 Gewebefäden lang und um einen Faden gegeneinander versetzt gestickt. Durch die abgestuft angeordneten Regenbogenfarben ergibt sich ein Schuppeneffekt.
Die Größe der Tasche der Schnittverkleinerung entsprechend mit einem harten Bleistift auf den Stramin übertragen. Die senkrechte und waagrechte Mitte angeben. Dann übertragen Sie zuerst die elfenbeinfarbenen diagonalen Konturen, indem Sie an der Taschenspitze beginnen. Führen Sie die Konturen im Plattstich aus. Alle von rechts nach links laufenden Diagonalen werden durchgehend, alle entgegengesetzt laufenden Diagonalen unterbrochen gestickt (siehe kurze, dünne schwarze Linien in der Zeichenerklärung). Die entstandenen Quadrate nun der Farb- und Zeichenerklärung entsprechend aussticken. Spannen, füttern und montieren wie auf Seite 68–69 beschrieben.

Größe ca. 15 x 22,5 cm

Stoff: ca. 32 x 50 cm doppelfädiger Stramin (Art. 500/52, 52 Löcher = ca. 10 cm)
ca. 30 x 48 cm Futterstoff
Sticknadeln ohne Spitze
1 Druckknopf

Garn: MEZ Kelim-Wolle	
3205 natur	3 Strg.
3927 rot	2 Strg.
3427 orange	2 Strg.
3424 gelb	2 Strg.
3383 grün	2 Strg.
3403 türkis	2 Strg.
3450 blau	1 Strg.
3402 lila	1 Strg.

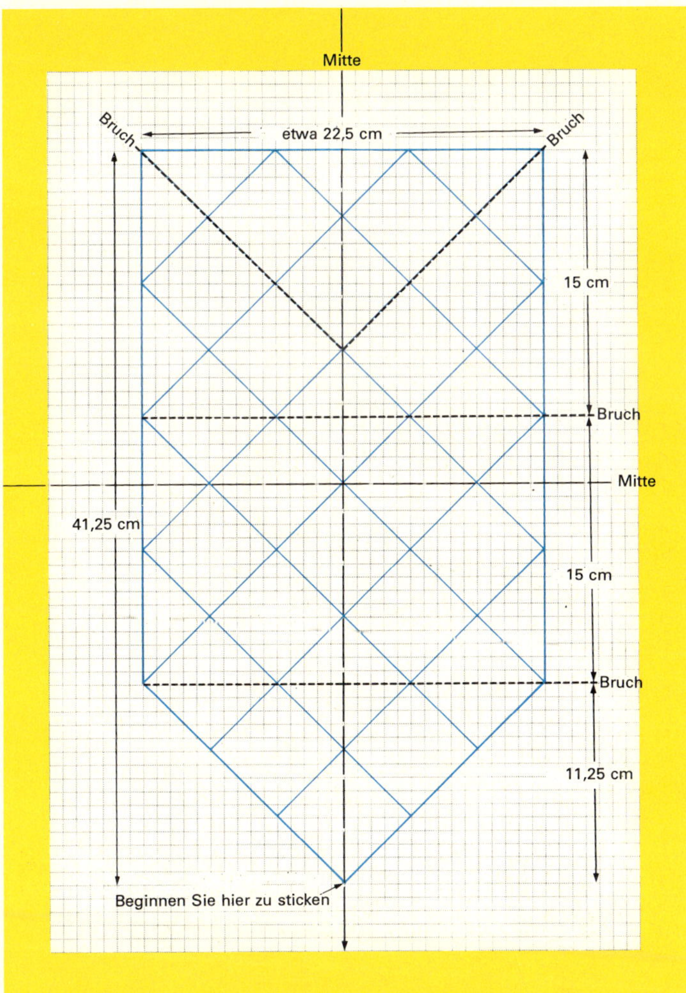

1. Schnittverkleinerung der Tasche

2. Farbschema eines einzelnen Motivs

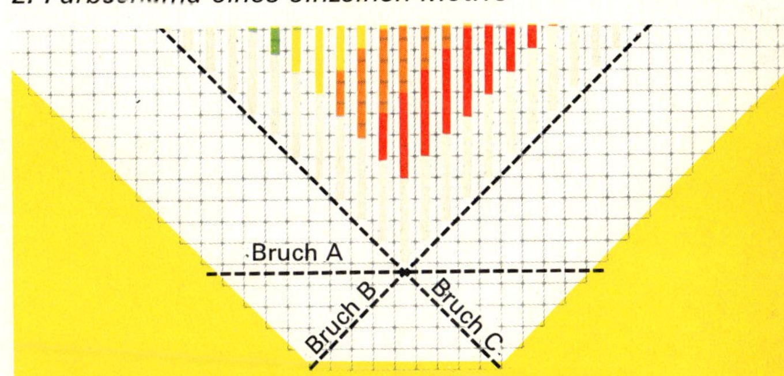

3. Faltschema zur Ermittlung des Musteranfangs

Spann-stiche

Unterschiedliche Straminstärken
Grundstiche wie Flammen- oder Zickzackmuster können leicht auf feinerem oder gröberem Stramin unter Verwendung der passenden Garnstärke übernommen werden.
Das Grundmuster wird wie gewohnt gestickt, jedoch ist die Anzahl der Musterrapporte auf einer gleichgroßen Fläche unterschiedlich. Bei der Ausführung von verschieden großen Gegenständen im gleichen Muster kann der kleinere Gegenstand auf feinerem Stramin gestickt werden und die gleiche Anzahl Musterrapporte aufweisen.
Zur Berechnung der Musteranzahl muß man die Anzahl der Gewebefäden pro Rapport kennen. Ein Rapport des Zickzackmusters geht z. B. über 10 Gewebefäden, beim Flammenmuster über 14 Gewebefäden. Bei allen Straminen mißt man die Anzahl der Fäden oder Löcher (bei doppelfädigem Stramin) je Maßeinheit. Man teilt die Anzahl der Gewebefäden pro Stoffbreite durch die Anzahl der Gewebefäden pro Rapport und erhält dann die Anzahl der Musterrapporte.

Links: Eine amerikanische Seidenstickerei aus dem 18. Jahrhundert zeigt die zarte Farbabstufung beim Flammenmuster. In den Zwischenstücken mit Blüten wird der Nelkenstich benutzt; er ist dem Flammenstich sehr ähnlich, aber die Stiche werden waagrecht nebeneinander und nicht im Zickzack auf und ab gestickt.

Symmetrie des Musters
Bei kleinen Gegenständen wie z. B. Brillenetuis kann beim Auszählen der Rapporte, die wiederholt werden müssen, leicht auf die Symmetrie geachtet werden. Dann wird an einer Seite angefangen und fortlaufend in waagrechten Reihen gestickt. Bei größeren Modellen jedoch ist dieses System aufgrund der Zählarbeit ungünstig. Daher beginnt man bei größeren Gegenständen wie z. B. Kissen, die unbedingt symmetrisch sein müssen, bei der angezeichneten Mittellinie und stickt nach außen. Dieses System kann aber auch bei Brillenetuis u. ä. recht gut angewandt werden. Die erste Reihe wird dann von der Mitte aus nach beiden Seiten gestickt. Die Stiche der ersten Reihe sorgsam und genau arbeiten. Ein Fehler zu Beginn der Stickerei ist schwer zu finden und beeinträchtigt das Aussehen der gesamten Arbeit. Wenn die erste Reihe exakt gearbeitet ist, erübrigt sich das Zählen der Stiche in den darauffolgenden Reihen.
Von den hier gezeigten Mustern sind das Brillentui und das Etui für die Puderdose auf mittelfeinem Stramin gestickt, die beiden Etuis für die Feuerzeuge in den gleichen Mustern auf feinem Stramin.
Für diese kleinen Sachen, die sich sehr gut als individuelle Geschenke verwenden lassen, können Sie gut Garnreste, die bei größeren Arbeiten übriggeblieben sind, verwenden. Kombinieren Sie die Ihnen zur Verfügung stehenden Farben, und wagen Sie sich ruhig auch an die Mischung kräftiger Farbtöne. Sie werden sehen, daß das Muster dabei eine völlig neue Wirkung erhält.

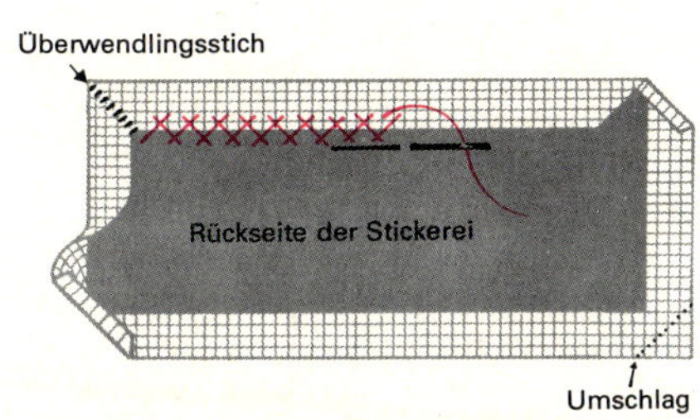

5. Das Nähen der Ecken und das Säumen auf der Rückseite der Stickerei.

Brillentui im Zickzackmuster
Die Mittellinien senkrecht und waagrecht angeben und die Größe des Etuis markieren. Den Stramin mit Zickzackstichen versäubern. Die erste Reihe des Stickmusters über die Schmalseite des Stramins sticken. Für jede Reihe eine andere Farbe verwenden. Die Stickerei wie auf Seite 68 erläutert, jedoch ohne Lasche, montieren.

Größe ca. 6,5x19 cm

Stoff: ca. 13 x 20 cm einfädiger Stramin (Art. 115/165, 7 Gewebefäden = ca. 1 cm)
ca. 9 x 17,5 cm Futterstoff
ca. 6,5 x 15 cm Wildleder, Leder oder Filz für die Rückwand
Sticknadeln ohne Spitze

Garn: Tauben-Zephir
in 7 Schattierungen von beige und braun
z. B. 2513, 3815, 4481, 4586, 4587, 4583, 4585
von 4 Farben je 3 Fäden (45 cm lang)
von 3 Farben je 4 Fäden

Etui für Feuerzeug im Zickzackmuster
Die Mittellinien waagrecht und senkrecht angeben und die Größe der Stickfläche markieren. Die Straminränder mit Zickzackstich versäubern. Die erste Musterreihe über die Schmalseite des Stramins sticken. Die Fläche mit Zickzackreihen in verschiedenen Farben aussticken. Die Stickerei spannen und wie auf Seite 68 beschrieben montieren.

Größe ca. 4,5 x 7,5 cm

Stoff: ca. 10 x 13 cm doppelfädiger Stramin (Art. 500/80, 8 Löcher = ca. 1 cm)
ca. 7 x 10 cm Futterstoff
ca. 4,5 x 7,5 cm Wildleder, Leder oder Filz für die Rückwand
Sticknadeln ohnd Spitze

Garn: MEZ Sticktwist in 7 Schattierungen von beige, braun und orange
z.B. 386, 393, 885, 359, 8, 11, 13
von 5 Farben je 3 Fäden (30 cm lang)
von 2 Farben je 2 Fäden

Etui für Puderdose im Flammenmuster
Die Mittellinien waagrecht und senk-

recht angeben und die Größe des Etuis markieren. Die Schnittränder des Stramins mit Zickzackstichen versäubern. Die erste Musterreihe des Flammenmusters sticken und waagrecht über den Stramin arbeiten. Jede Reihe in einer anderen Farbe ausführen. Das Etui für die Puderdose spannen und wie auf Seite 68 beschrieben montieren.

Größe ca. 9,5x9,5cm

Stoff: ca. 14 x 14 cm einfädiger Stramin (Art. 115/165, 7 Gewebefäden = ca. 1 cm)
ca. 12 x 12 cm Futterstoff
ca. 9,5 x 9,5 cm Wildleder, Leder oder Filz für die Rückwand
ca. 46 cm dünne Kordel
Sticknadeln ohne Spitze

Garn: Tauben-Zephir
in 6 Farbschattierungen von rosé
z. B. 4402, 4525, 4431, 4476, 4581, 4397
von 5 Farben je 3 Fäden (45cm lang)
von 1 Farbe 1 Faden

Etui für Feuerzeug im Flammenmuster
Die Mittellinien waagrecht und senkrecht angeben und die Etuigröße markieren. Die Schnittränder versäubern. Die erste Musterreihe waagrecht über den Stramin sticken. Jede Reihe in einer anderen Garnfarbe sticken. Das Etui spannen und wie auf Seite 68 beschrieben montieren.

Größe ca. 6,5 x 6,5 cm

Stoff: ca. 11,5 x 11,5 cm doppelfädiger Stramin (Art. 500/80, 8 Löcher = ca. 1 cm
ca. 9 x 9 cm Futterstoff
ca. 6,5 x 6,5 cm Wildleder, Leder oder Filz für die Rückwand
ca. 30 cm dünne Kordel
Sticknadeln ohne Spitze

Garn: MEZ Sticktwist in 5 Schattierungen von beige und rosé
z.B. 386, 23, 68, 47, 70
von jeder Farbe je 3 Fäden (30 cm lang)

Hübsche Geschenke für die Handtasche, Etuis für Brille und Feuerzeug im Zickzackstich, im Flammenmuster Etuis für Feuerzeug und Puderdose.

Flächenwirkung mit verschiedenen Stichen

Das Maß, in dem ein Stich seine Wirkung in einem Gesamtentwurf verändern kann, zeigt interessante Möglichkeiten. Beim Aussticken eines Bildes sind die Stiche nicht so wichtig wie die Farben und das Muster. Häufig werden die Stiche erst bei genauerem Betrachten wahrgenommen. Durch das Sticken können aber auch Flächen gestaltet werden, bei denen die Stiche und das Garn, mit dem gearbeitet wird, die Hauptwirkung tragen. Die Farben und das Muster sind zwar immer noch wesentliche Elemente, spielen dann aber eine unwichtigere Rolle.

Harmonie der Stiche

Das Zusammenstellen verschiedener Stiche in einem Muster ergibt einen neuen Entwurf. Bei der abgebildeten, einfarbigen Unterarmtasche liegt die Strenge des Musters in der unterschiedlichen Flächenwirkung der einzelnen Stiche.

Das Kissen auf der übernächsten Seite zeigt das Gleichgewicht von Farbe und Fläche in einem Muster. Die Farbe soll hier die typischen Merkmale der einzelnen Stiche noch unterstreichen.

Die Wirkung dieser eleganten Unterarmtasche entsteht durch die in verschiedenen Stichen gearbeiteten Flächen. Die Tasche und das Kissen auf Seite 47 sind Entwürfe der Pearson Groman Needlepoint School.

Sternstich (Abb. 1). Entweder zuerst das senkrechte und dann das schräge Kreuz sticken oder umgekehrt.

1

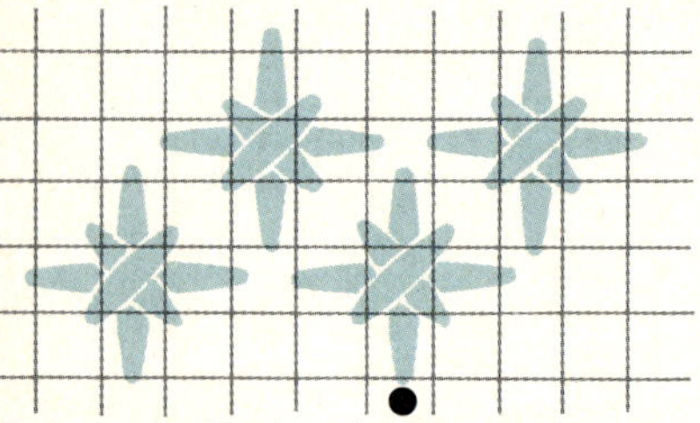

Reisstich (Abb. 2). Einen Kreuzstich über 4 Gewebefäden sticken. Dann über jedes Ende des Kreuzes je 1 schrägen Stich über 2 Gewebefäden arbeiten.

2

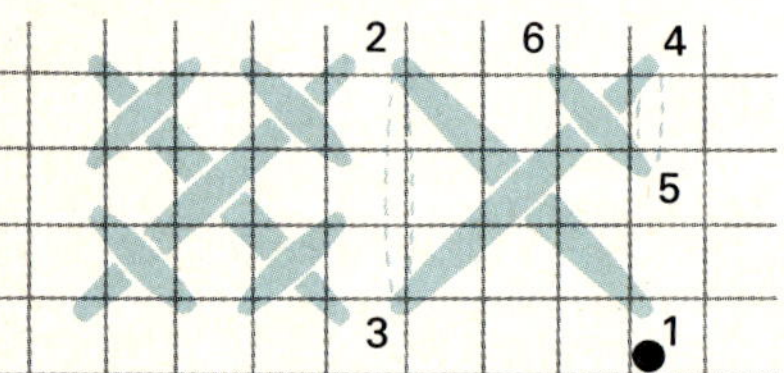

Schräger Plattstich (Abb. 3). Dieser Stich liegt schräg im Gewebe und greift über 2 Gewebefäden. Er unterscheidet sich daher von dem Plattstich von Seite 15 und auch von dem halben Kreuzstich, dessen Stiche auf der Rückseite senkrecht laufen.

3

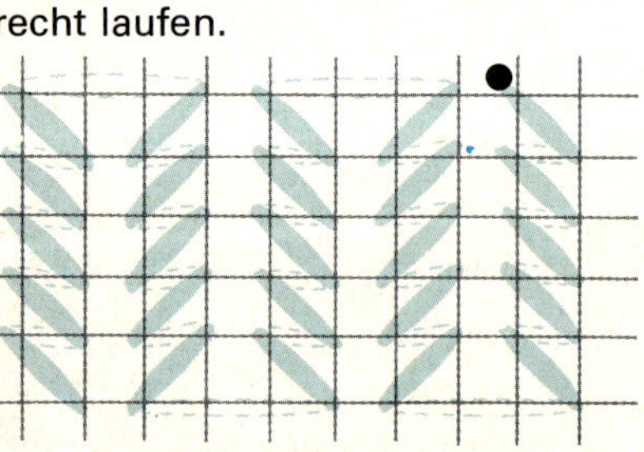

Unterlegter Plattstich (Abb. 4). Er wird wie der normale Plattstich gestickt. Man spannt einen Stickgarnfaden von rechts nach links und überstickt ihn dann von links nach rechts.

4

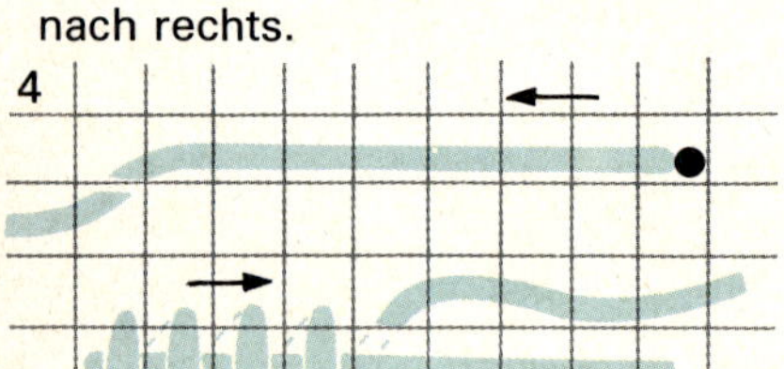

Grundstiche (nebenstehende Zeichnung)
Der Punkt in den Schemazeichnungen gibt an, wo man am besten beginnen sollte.

Folgenden Stiche wurden verwendet
Kreuzstich
Zickzackmuster (siehe S. 6)
Sternstich (Zeichnung 1)
Reisstich (Zeichnung 2)
Schräger Plattstich (Zeichnung 3)
Unterlegter Plattstich (Zeichnung 4)

Beige Tasche
Die Mittellinien waagrecht und senkrecht markieren und die Schnittränder mit Zickzackstichen versäubern.
Jedes Quadrat ist 24 Gewebefäden hoch und breit. Die Musteranordnung auf der nächsten Seite zeigt, welche Stiche in welches Quadrat gestickt werden sollen.

Als Umrandung werden gestickt: 1 Reihe Kreuzstich, 1 Reihe unterlegter Plattstich, 2 Reihen Reisstich, 1 Reihe unterlegter Plattstich und 1 Reihe Kreuzstich.
Die Stickerei spannen und wie folgt montieren: den Stramin auf 1,5 cm Saumbreite zurechtschneiden und nach links umschlagen. Die Ecken des Stramins gut falten und den Stramin mit Hexenstichen auf der linken Seite der Stickerei festnähen. Das Futter bügeln. Die Einlage im Abstand von 1,5 cm von 3 Schnittkanten auf die linke Seite des Futters legen und festbügeln. Den 1,5 cm breiten Saum des Futters umschlagen und an der Einlage festheften (siehe Abb. 5a und 5b), die Saumränder bügeln. Nun das Futter wie auf Abb. 6 und 7 gezeigt falten. Das gefaltete Futter (Abb. 7) links auf links auf die Stickerei legen, feststecken und rundherum un-

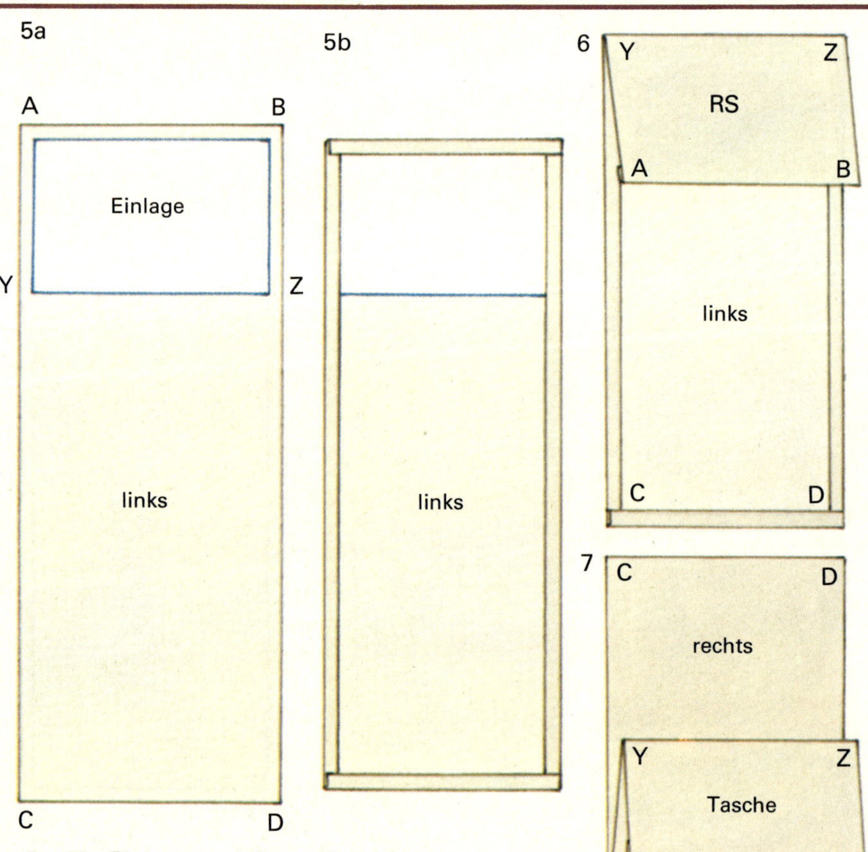

5a, 5b. Einlage und Saumeinschlag
6, 7. Das Falten der Tasche

Anordnungsskizze für Kissen und, farblich abgesetzt, Anordnungsskizze für Unterarmtasche.
Farbverteilung beim Kissen:
A1: hellster Ton der Hauptfarbe
A2: mittlerer Ton der Hauptfarbe
A3: dunkelster Ton der Hauptfarbe
B1: hellster Ton der Kontrastfarbe
B2: dunkelster Ton der Kontrastfarbe

sichtbar annähen. Den Taschenbeutel mit einem Druckknopf schließen.

Größe ca. 16,5 x 23 cm

Stoff: ca. 32 x 40 cm einfädiger Stramin (Art. 1281/92, 5 Gewebefäden = ca. 1 cm)
ca. 25 x 65 cm beiger Futterstoff
ca. 14,5 x 23 cm Einlage – aufbügelbar
1 großer Druckknopf
1 Sticknadel ohne Spitze

Garn: MEZ Kelim-Wolle
3204 beige 9 Strg.

Gesticktes Patchwork-Kissen
Die Stickerei in der Mitte beginnen und jedes Quadrat über 24 Gewebefäden in Höhe und Breite sticken. Aus der nebenstehenden Musteranordnung ersieht man die Anordnung der Quadrate, Umrandung und die Farbverteilung.

Größe ca. 32 x 32 cm

Stoff: ca. 45 x 45 cm einfädiger Stramin (Art. 1281/52, 5 Gewebefäden = ca. 1 cm)
ca. 35 x 35 cm Stoff für die Rückwand des Kissens
1 Kissenfüllung
Sticknadeln ohne Spitze

Garn: MEZ Kelim-Wolle
je 3 Strg. von Hauptfarbe
hell 3181
mittel 3183
dunkel 3025
Kontrastfarbe hell 3450
dunkel 3453

Zur Hervorhebung der Struktur der einzelnen Stiche wurde mit verschiedenen Farben gearbeitet.

Reisstich A 3 B 2	Schräger Plattstich B 1 B 2	Reisstich A 3 B 2	Schräger Plattstich A 1 A 3	Reisstich A 3 B 2	Schräger Plattstich B 1 B 2
Unterlegter Plattstich B 1	Spannstich A 1 B 1	Unterlegter Plattstich A 2	Spannstich A 1 B 1	Unterlegter Plattstich B 1	Spannstich A 1 B 1
Sternstich A 2 B 2	Kreuzstich B 1 B 2	Sternstich A 2 B 2	Kreuzstich A 1 A 3	Sternstich A 2 B 2	Kreuzstich B 1 B 2
Kreuzstich A 1 A 3	Sternstich A 2 B 2	Kreuzstich B 1 A 2	Sternstich A 2 B 2	Kreuzstich A 1 A 3	Sternstich A 2 B 2
Spannstich A 1 B 1	Unterlegter Plattstich A 2	Spannstich A 1 B 1	Unterlegter Plattstich B 1	Spannstich A 1 B 1	Unterlegter Plattstich A 2
Schräger Plattstich A 1 A 3	Reisstich A 3 B 2	Schräger Plattstich B 1 B 2	Reisstich A 3 B 2	Schräger Plattstich A 1 A 3	Reisstich A 3 B 2

Kreuzstich A 3
Unterlegter Plattstich B 2
2 Reihen Reisstich A 1/A 2
Unterlegter Plattstich B 2
Kreuzstich A 3

Verschiedene Kissen

Größe ca. 27 x 43 cm

Stoff: ca. 36 x 54 cm doppelfädiger Stramin (Art. 500/30, 30 Löcher = ca. 10 cm)
ca. 31 x 50 cm Stoff für die Rückwand
dicke Sticknadeln ohne Spitze

Garn: MEZ Sudan-Wolle, 50 g
je Farbe 1 Strg.

1) 3418 gelb
   3100 lind
   3016 m'braun
   3288 d'grün
2) 3418 gelb
   3261 orange
   3927 rot
   3306 d'rot
3) 3306 d'rot
   3542 orange
   3896 altrosé
   3456 d'blau
4) 3208 gelb
   3184 kupfer
   3016 m'tabak
   3076 braun

Einfache Kissen
Sticken Sie das Muster nach Methode 1 wie auf Seite 15 beschrieben. Die Mittellinien waagrecht und senkrecht angeben. Die Größe des Kissen 27x43 cm markieren. Alle vier Kissen werden nach dem gleichen Muster ausgeführt. In der Mitte mit Farbe 1 beginnen und von hier ausgehend die erste Reihe nach beiden Seiten über den Stramin sticken. Die Reihen in der angegebenen Farbfolge arbeiten. Damit die Ränder glatt werden, müssen Sie außer den ganzen Stichen, die in der Schemazeichnung angegeben sind, auch halbe Stiche ausführen. Spannen und montieren Sie die fertige Arbeit wie auf Seite 68 beschrieben.

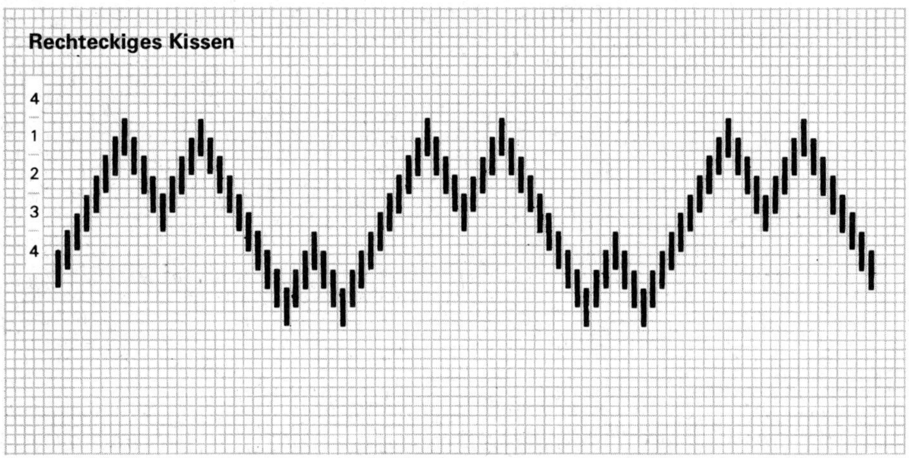

Rechteckiges Kissen

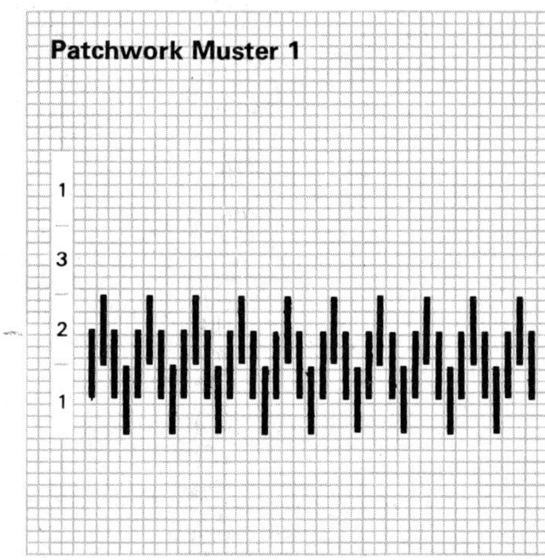

Patchwork Muster 1

Muster 2 Schemazeichnung A

Muster 2 Schemazeichnung B

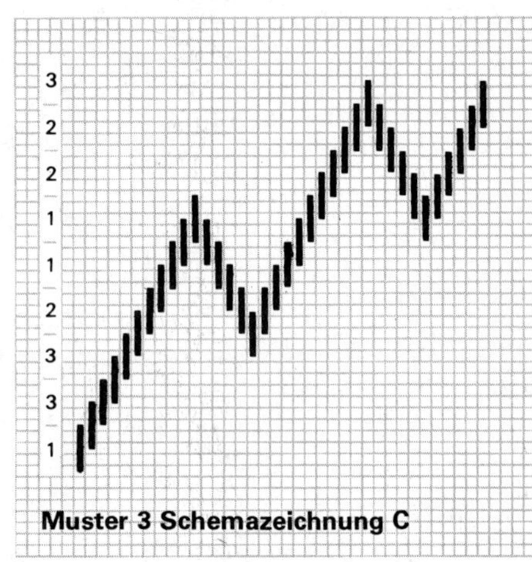

Muster 3 Schemazeichnung C

Patchwork-Kissen

Kissen 1. Die Stiche gehen über 6 Gewebefäden und werden 3 Gewebefäden gegeneinander versetzt. Die 14 cm großen Quadrate mit ca. 2 cm Abstand auf den Stramin übertragen. Die Stickerei wird an einer Seite begonnen und Muster 1 waagrecht über den Stramin gestickt. Die Farbfolge ist fortlaufend 1, 2, 3. Die Quadrate abwechselnd waagrecht und senkrecht zusammennähen, spannen und montieren (siehe S. 68).

Kissen 2. Die Stiche greifen über 4 Gewebefäden und sind 2 Gewebefäden gegeneinander versetzt. Die 13 cm großen Quadrate in einem Abstand von ca. 2 cm auf den Stramin übertragen. Die Quadrate werden in 2 Farbstellungen ausgestickt. Vier Quadrate werden nach der Schemazeichnung A und fünf nach der Schemazeichnung B ausgeführt. Bei allen Quadraten beginnt man in der linken unteren Ecke einer Fläche mit Farbe 3 und stickt diagonal. Die Quadrate so zusammennähen, daß die Stickerei in die gleiche Richtung läuft. Spannen und montieren wie auf Seite 68 erläutert.

Kissen 3. Die Stiche greifen über 4 Gewebefäden 2 gegeneinander versetzt. Es wird nach der Schemazeichnung C gestickt. Die Quadrate sind 14 cm groß. Die weitere Ausführung siehe Kissen 1.

Größe ca. 42 x 42 cm ein einzelnes Quadrat ca. 13 x 13 cm

Stoff: ca. 90 x 50 cm doppelfädiger Stramin (Art. 900/30, 30 Löcher = ca. 10 cm)
ca. 45 x 45 cm Stoff für die Rückwand
dicke Sticknadeln ohne Spitze

Garn: MEZ Sudan-Wolle, 50 g je Farbe 2 Strg.

1) 3427 orange
3322 rot
3548 d'rot

2) 3222 weiß
3322 rot
3056 schwarz

3) 3222 weiß
3047 messing
3322 rot

Stuhlbezug Vorhang-band

Vorhangband. Anhand der gegebenen Schnittverkleinerung fertigt man einen naturgroßen Papierschnitt an und überträgt ihn mit einem harten Bleistift auf den Stramin (siehe S. 70).

Größe ca. 10 x 100 cm

Stoff: ca. 26 x 115 cm einfädiger Stramin (Art. 115/165, 7 Gewebefäden = ca. 1 cm)
ca. 20 x 110 cm Futterstoff
1 Knopf
Sticknadeln ohne Spitze

Garn: MEZ Kelim-Wolle
siehe oben

Polster. Einen Schnitt anfertigen (S. 51) und auf den Stramin übertragen.
Die Stiche greifen über 6 Gewebefäden und sind um 3 Gewebefäden gegeneinander versetzt. Von der Mitte ausgehend mit Farbe 1 die erste Reihe nach beiden Seiten über den Stramin sticken. Dann weiter nach der Farbangabe sticken: 2, 3, 2, 1, 3, 2, 3. Diese 8 Reihen ergeben einen Farbrapport und werden fortlaufend wiederholt. Um den Schnitt richtig auszufüllen, müssen auch verkürzte Reihen und halbe Stiche gearbeitet werden. Spannen und montieren siehe Seite 70.

Größe ca. 31 x 41 cm

Stoff: ca. 45 x 60 cm einfädiger Stramin (Art. 115/165, 7 Gewebefäden = ca. 1 cm)
Sticknadeln ohne Spitze

Garn MEZ Kelim-Wolle

1.	3456 d'blau	5 Strg.
2.	3452 blau	5 Strg.
3.	3257 h'blau	10 Strg.

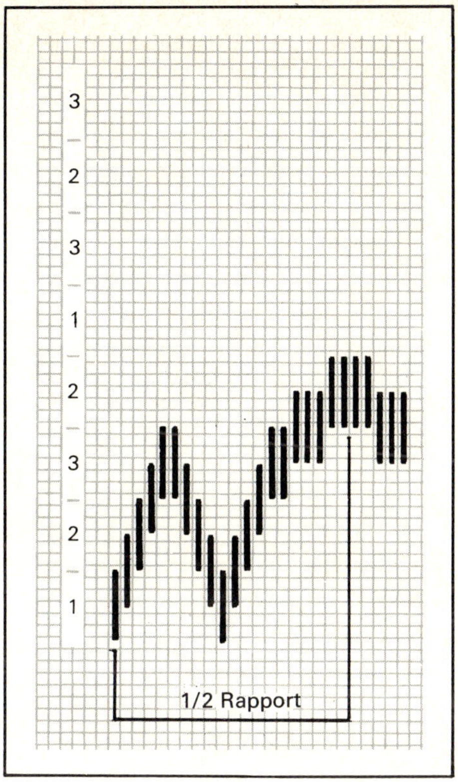
3
2
3
1
2
3
2
1
1/2 Rapport

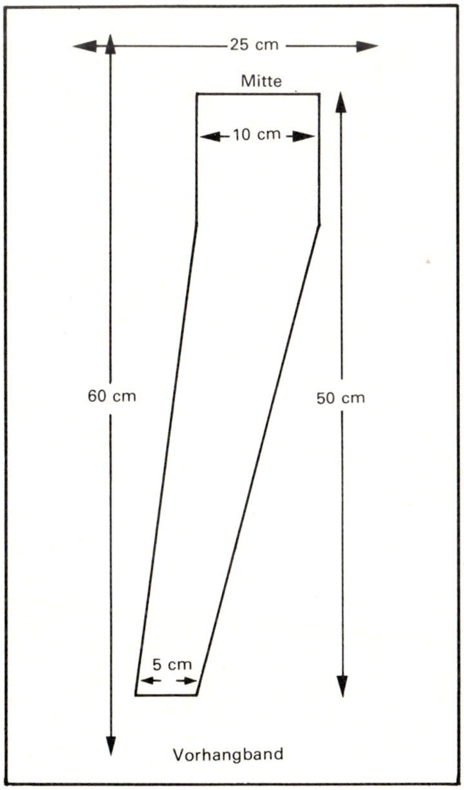
25 cm
Mitte
10 cm
60 cm
50 cm
5 cm
Vorhangband

Auffrischen eines Stuhls

Bei der Größenberechnung sollte an allen Seiten ein zusätzlicher Umschlag von ca. 5 cm berücksichtigt werden. Die Breite und Tiefe mit einem Ausschnitt, der nicht bestickt wird (an der Stuhllehne) ausmessen. Die Größe der Stuhlfläche mit einem harten Bleistift auf den Stramin übertragen und die Mittellinien (in Höhe und Breite) angeben. Mit MEZ Kelim-Wolle auf der Mittellinie mit einer Musterspitze in Farbe 2 beginnen und nach außen bis zur Markierungslinie sticken. Das Muster dann in der angegebenen Farbfolge ausführen. Spannen und montieren wie auf Seite 70 erläutert.

Größe ca. 33 x 38 cm

Stoff: ca. 50 x 54 cm einfädiger Stramin (Art. 1281/52, 5 Gewebefäden = ca. 1 cm)
Sticknadeln ohne Spitze

Garn: MEZ Kelim-Wolle je Farbe 2 Strg.
1. 3176 grün
2. 3175 grün
3. 3149 grün
4. 3085 grün
5. 3087 grün
6. 3386 grün
7. 3049 grün

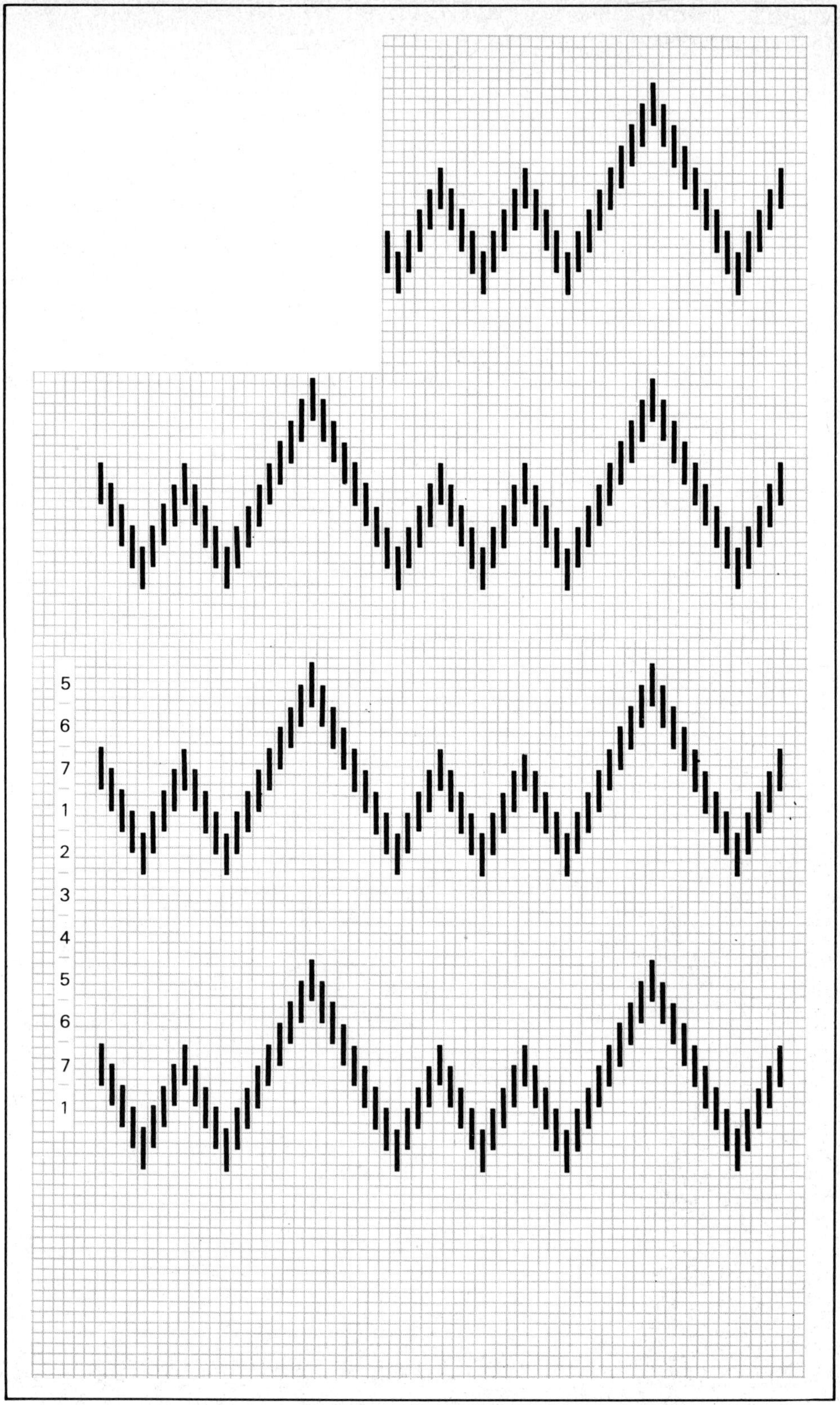

Ein altes Möbelstück wird verjüngt. Die Straminstickerei des Polsters wirkt als Blickfang.

Farbe – auch auf dem Boden

Kaminhocker
Die Stickerei nach dem Muster »Schwingungen« (S. 26) sticken, die Seitenteile in einem halben Rapport »Bogenlinien« von Seite 8. (Montage S. 70).

Größe ca. 35,5 x 86 cm
Seitenteil Höhe ca. 7,5 cm
Stoff: ca. 46 x 96,5 cm für den Sitz
ca. 43 x 96,5 cm für die Seitenteile
einfädiger Stramin (Art. 115/165, 7 Gewebefäden = ca. 1 cm)
Sticknadeln ohne Spitze

Garn: MEZ Perlgarn 3 je Farbe 6 Strg.

1. 299 gelb	8. 332 orange
2. 300 gelb	9. 333 orange
3. 288 gelb	10. 335 rot
4. 305 gelb	11. 46 rot
5. 290 gelb	12. 47 rot
6. 304 orange	13. 20 rot
7. 315 orange	

Schemel mit Herzen
Die Mittellinien waagrecht und senkrecht angeben. Das mittlere Herz auf die Mitte sticken. Die Stickerei wird zum größten Teil über 4 Gewebefäden um 2 Gewebefäden versetzt gestickt. An Stellen, an denen die Zickzacklinie von den Herzen unterbrochen wird, werden auch halbe Stiche gestickt, so daß die einzelnen Herzmotive klar heraustreten. Die Stickerei führt man nach dem gleichen Schema wie das Flammenmuster von Seite 7 aus. Die Richtungsänderung an der Musterspitze wird jedoch erst nach 9 Stichen vorgenommen. Dann stickt man nach diesem Schema die Spitzen nach oben und unten mit Stichen, die über 4 Gewebefäden um 2 versetzt, groß sind. Spannen und montieren siehe Seite 70.

Größe ca. 33 x 41 cm
Stoff: ca. 43 x 51 cm einfädiger Stramin (Art. 115/165, 7 Gewebefäden = ca. 1 cm)
Sticknadeln ohne Spitze
Garn: MEZ Perlgarn 3

1. 258 d'grün	6 Strg.
2. 255 lind	6 Strg.

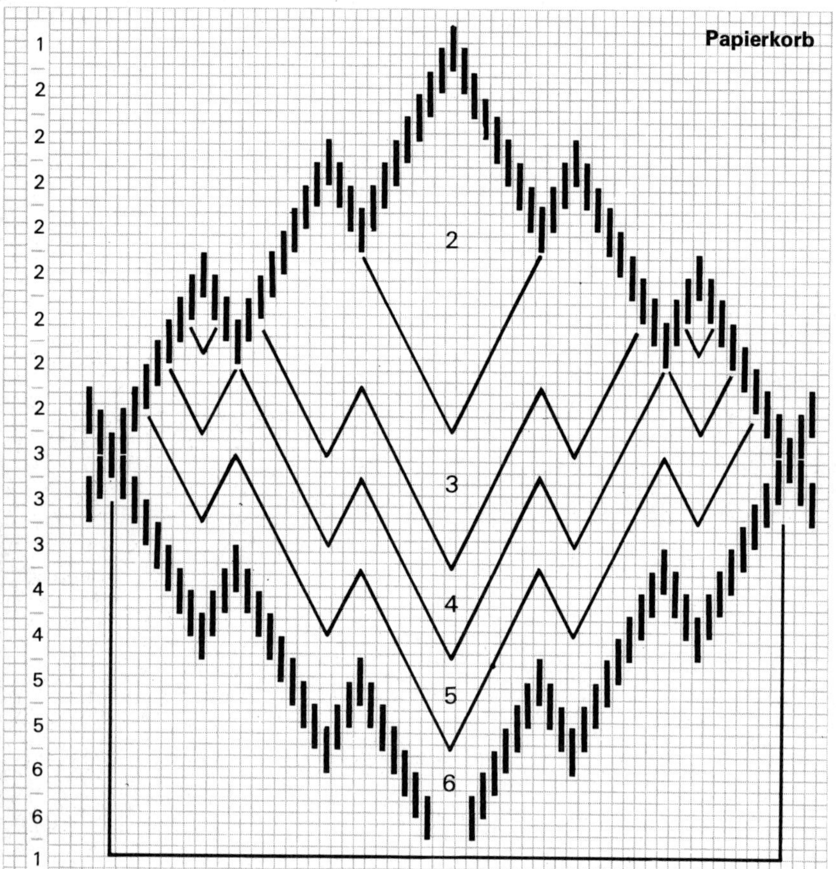

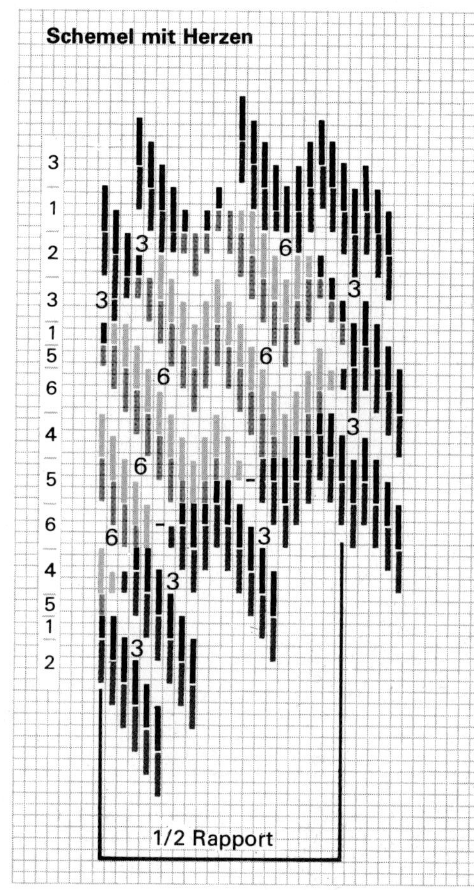

3.	278 h'grün	6 Strg.
4.	402 weiß	1 Strg.
5.	290 kanariengelb	1 Strg.
6.	300 h'gelb	6 Strg.

Papierkorb

Dieses Muster ist eine Abwandlung des Musters »Gletscher« von Seite 30. Spannen und montieren siehe Seite 70.

Größe ca. 25 cm hoch und ca. 56 cm Umfang

Stoff: ca. 36 x 72 cm einfädiger Stramin (Art. 115/165, 7 Gewebefäden = ca. 1 cm) ca. 62 cm Borte
Futter zum Auskleiden des Papierkorbs
Sticknadeln ohne Spitze

Garn: MEZ Perlgarn 3

1.	149 blau	3 Strg.
2.	258 grün	2 Strg.
3.	25 altrosé	2 Strg.
4.	41 altrosé	2 Strg.
5.	42 altrosé	2 Strg.
6.	46 rot	3 Strg.

Farbschlüssel für die Schemazeichnung

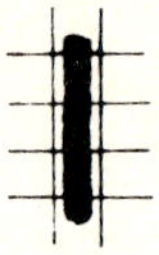

Untergrund
3056

2 – 3208
3 – 3261
4 – 3262
5 – 3028

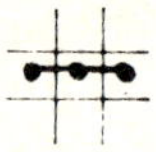

3927

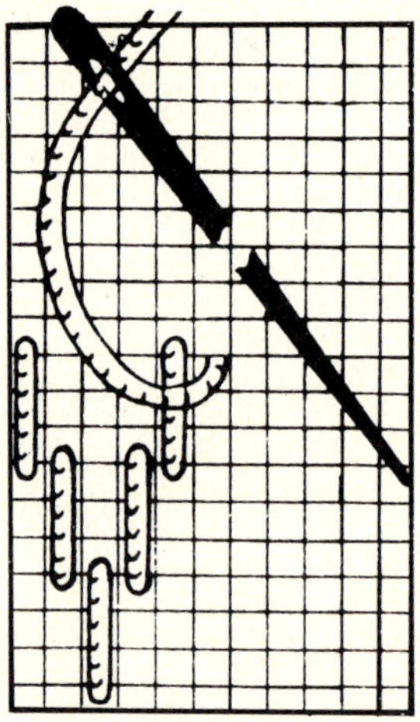

Spannstich

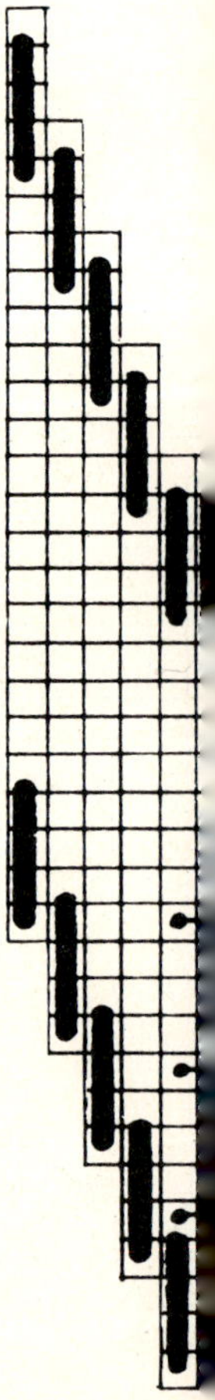

Muster für Stuhlbezüge

Einen Schnitt von der Stuhlplatte anfertigen und mit einem harten Bleistift auf den Stramin übertragen. Wenn der Stuhl neu gepolstert werden soll, gibt man an allen Seiten noch etwa 2,5 cm zu; das entspricht ungefähr der Polsterhöhe. An den Ecken des Stuhls jeweils ein Quadrat von 2,5x2,5 cm nicht besticken siehe Seite 70. Für die Montage der Stuhlplatte ca. 3 cm Stramin dazurechnen. Die Mittellinien des Stramins in Höhe und Breite angeben. Die Stickerei nach der Schemazeichnung ausführen, an der senkrechten Mittellinie mit der Mitte des Musters (siehe Pfeil) beginnen. Die Stiche greifen über 4 Gewebefäden um 3 Gewebefäden gegeneinander versetzt. Die erste Reihe in

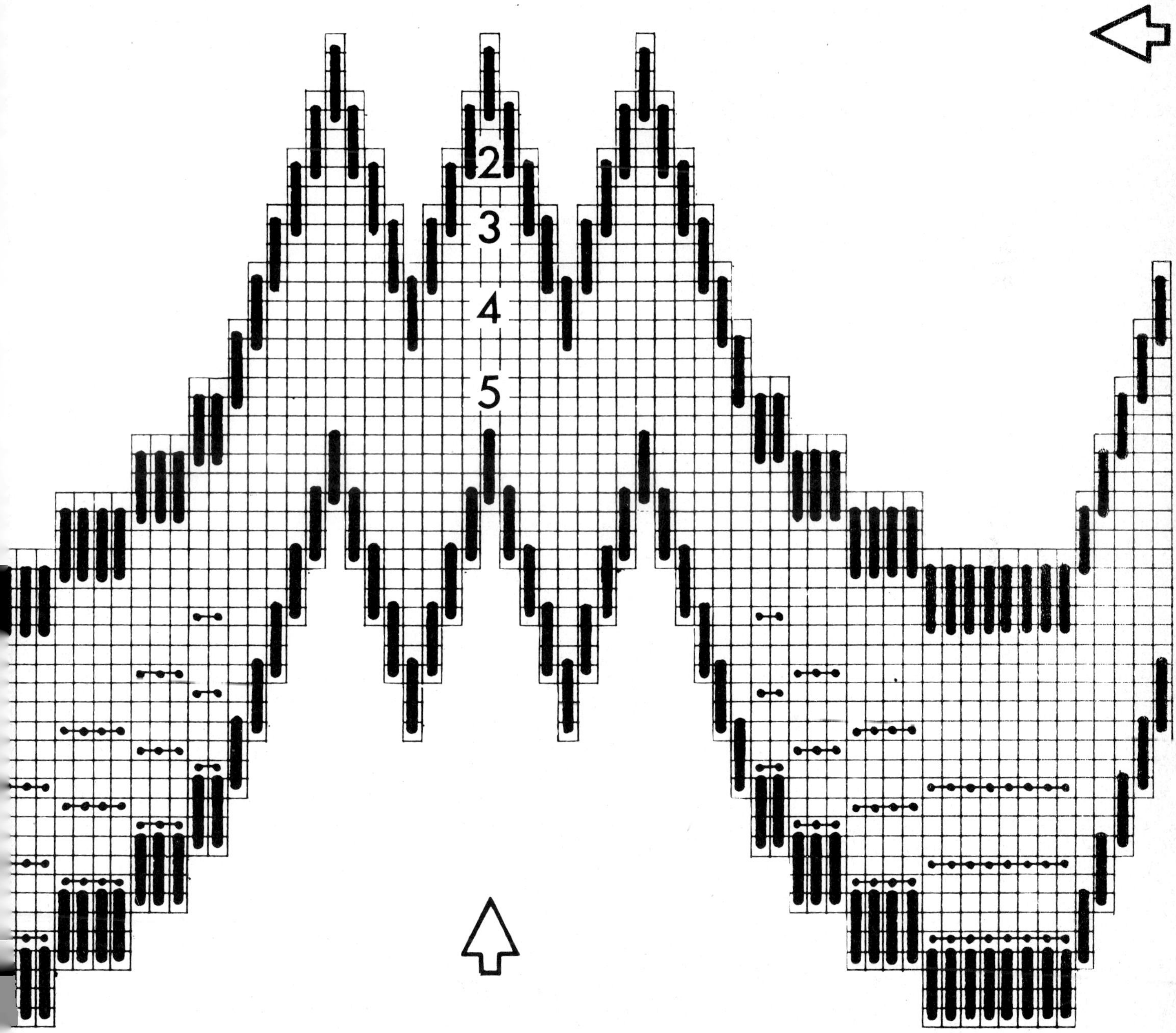

schwarz sticken, dann alle weiteren Farben in der angegebenen Reihenfolge verarbeiten. Diesen Farbrapport fortlaufend wiederholen. Die Stickerei spannen und wie auf Seite 70 erläutert montieren.

Stoff: ca. 70 x 70 cm einfädiger Stramin (Art. 115/165, 7 Gewebefäden = ca. 1 cm)
Sticknadeln ohne Spitze
Polsternägel

Garn: MEZ Kelim-Wolle

1. 3208 orange	4 Strg.
2. 3261 orange	4 Strg.
3. 3262 orange	4 Strg.
4. 3028 braun	4 Strg.
5. 3056 schwarz	4 Strg.
6. 3927 rot (Spannstich)	2 Strg.

Neue Stuhlbezüge
Alle Stuhlbezüge und Rückenlehnen werden im Plattstich mit Kelim-Wolle und Perlgarn gestickt. Jedes Muster wird nach Schemazeichnung ausgeführt und kann beliebig oft wiederholt werden.

Die vier Stuhlbezüge werden nach den Angaben Seite 60/61 gearbeitet. Auf nebenstehendem Foto sind die gestickten und montierten Muster abgebildet in der Reihenfolge von links nach rechts: A, C, B, C.

Stuhl A

Größe ca. 65 x 76 cm

Stoff: ca. 80 x 100 cm einfädiger Stramin (Art. 115/165, 7 Gewebefäden = ca. 1 cm)
Sticknadeln ohne Spitze

Garn: MEZ Perlgarn 3

1.	370 braun	18 Strg.
2.	47 rot	15 Strg.
3.	303 h'orange	14 Strg.
4.	305 gelb	14 Strg.
5.	315 orange	14 Strg.

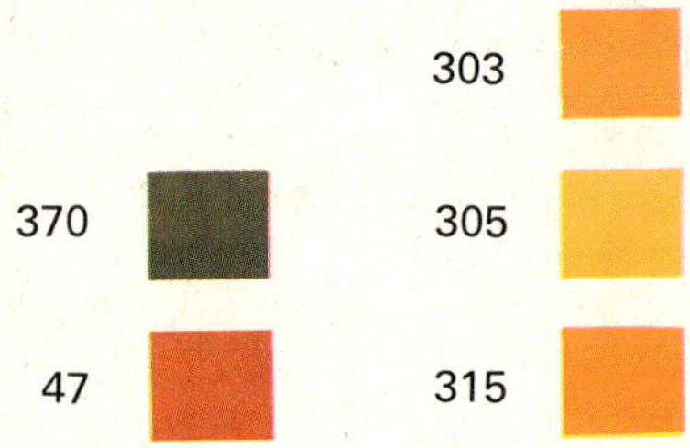

Stuhl B

Größe ca. 45 x 45 cm,
Lehne ca. 40 x 40 cm

Stoff: ca. 65 x 110 cm einfädiger Stramin (Art. 115/165, 7 Gewebefäden = ca. 1 cm)
Sticknadeln ohne Spitze

Garn: MEZ Kelim-Wolle

1.	3076 braun	4 Strg.
2.	3246 rosa	7 Strg.
3.	3060 m'braun	8 Strg.
4.	3434 grau	12 Strg.

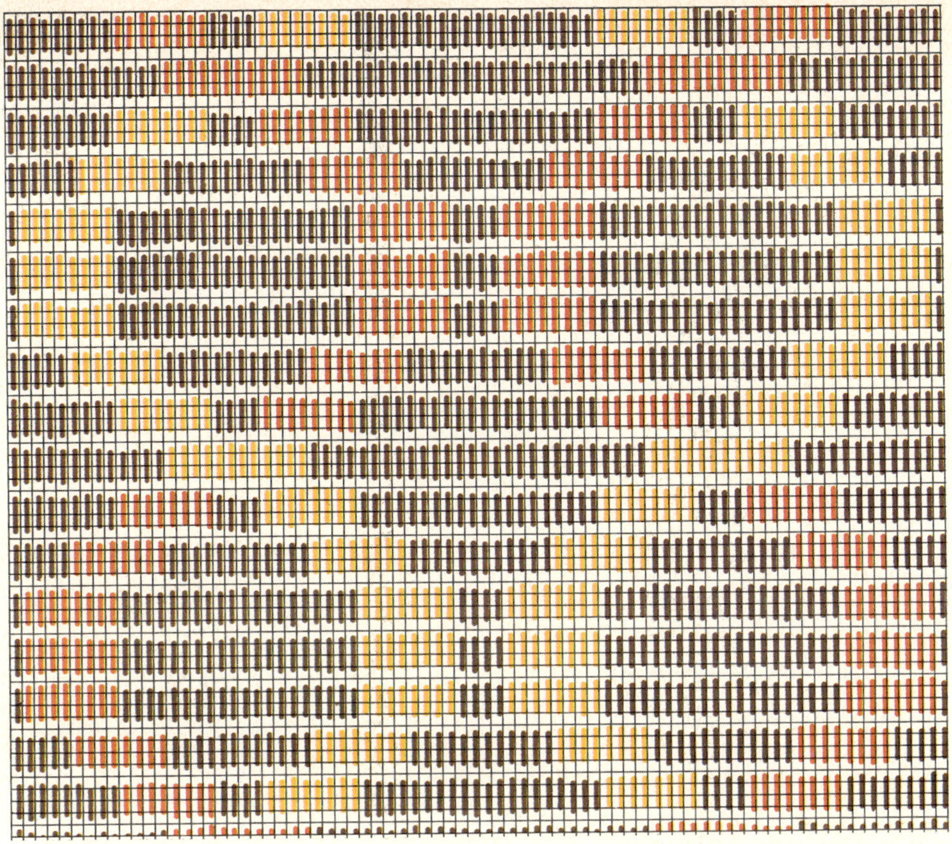

Stuhl C

Größe ca. 50 x 50 cm

Stoff: ca. 70 x 70 cm einfädiger Stramin (Art. 115/165, 7 Gewebefäden = ca. 1 cm)
Sticknadeln ohne Spitze

Garn: MEZ Perlgarn 3

1. 359 braun	19 Strg.
2. 303 gelb	7 Strg.
3. 339 rost	7 Strg.

359

303

339

Stuhl D

Größe ca. Sitz 40 x 40 cm, Lehne ca. 25 x 35 cm

Stoff: ca. 60 x 110 cm einfädiger Stramin (Art. 115/165, 7 Gewebefäden = ca. 1 cm)
Sticknadeln ohne Spitze

Garn: MEZ Kelim-Wolle

1. 3081 braun	5 Strg.
2. 3084 d'rot	5 Strg.
3. 3322 rot	6 Strg.
4. 3246 rosa	5 Strg.
5. 3426 gelb	5 Strg.

3081

3084 3246

3322 3426

Farben-frohe Bequem-lichkeit

Die Pantoffelkappen mit einem Zwischenraum von ca. 8 cm aufsticken. Auf der senkrechten Mittellinie vom Straminrand 5 cm nach oben gehen und 32 Gewebefäden abzählen; hier mit dem dunklen Rand des Herzens beginnen. Danach das Flammenmuster von der Schuhspitze aus sticken. Das kleine Flammenmuster und die Streifen nach der Schemazeichnung arbeiten. Spannen und nähen wie auf Seite 71 angegeben.

Kappengröße: Tiefe ca. 13 cm
Breite ca. 21,5 cm

Stoff: ca. 36 x 71 cm einfädiger Stramin (Art. 115/165, 7 Gewebefäden = ca. 1 cm)
2 Paar Korksohlen
ca. 35 x 70 cm Futterstoff
Sticknadeln ohne Spitze

Garn: MEZ Perlgarn 3
für Herz:

1. 147 blau	1 Strg.
2. 145 blau	1 Strg.
3. 144 blau	1 Strg.
für große Zickzacklinie:	
4. 147 blau	1 Strg.
5. 263 grün	1 Strg.
6. 279 grün	1 Strg.
7. 258 grün	1 Strg.
für kleine Zickzacklinie:	
8. 288 gelb	1 Strg.
9. 258 grün	
10. 279 grün	
11. 299 h'gelb	1 Strg.
12. 169 türkis	3 Strg.
13. 375 braun	3 Strg.

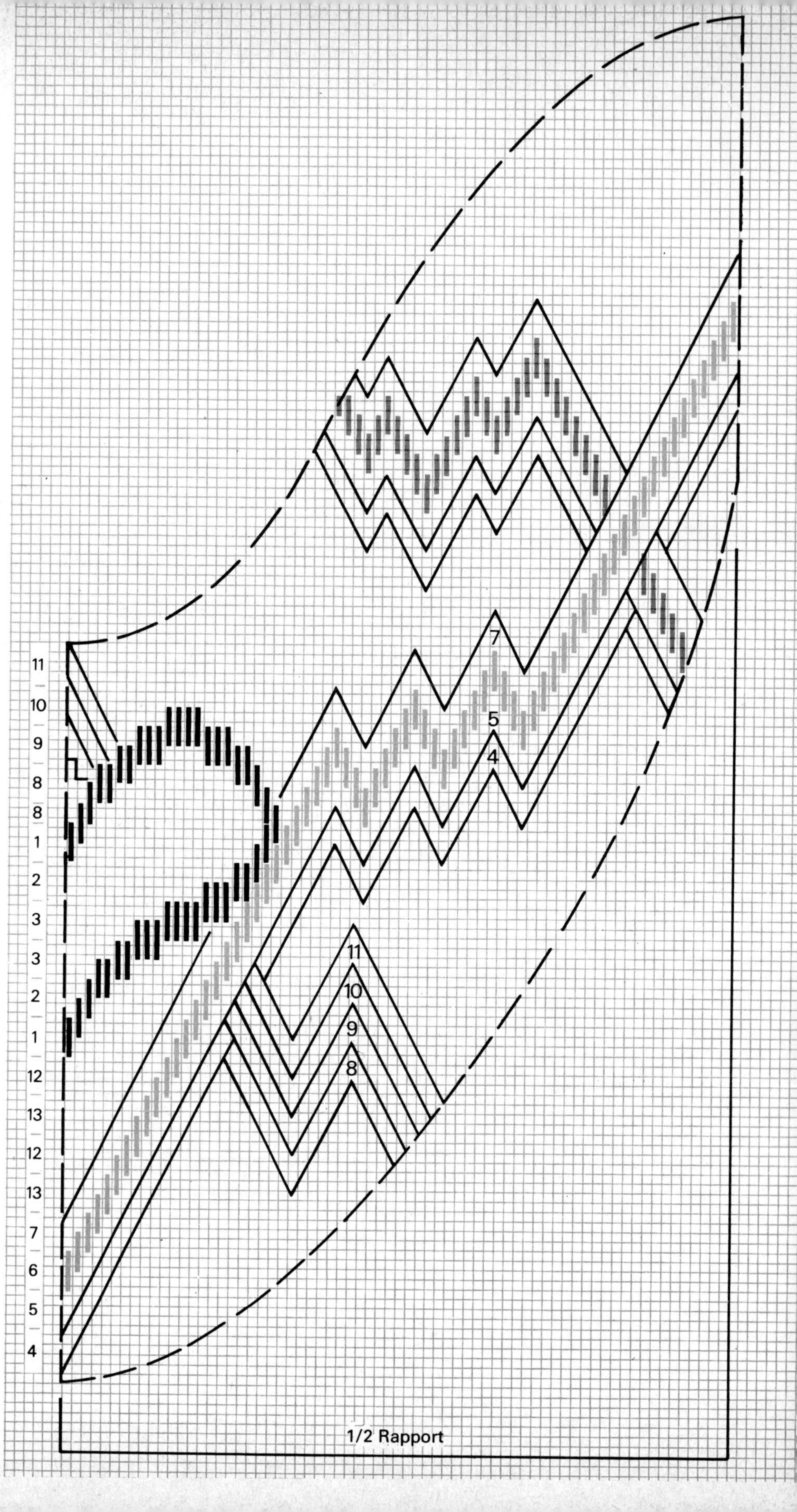

Umhängetasche

Die beiden Taschenplatten und der Keil werden einzeln gestickt. Die Mitte des Stramins markieren und zwei Flächen von ca. 30x27 cm mit hartem Bleistift einzeichnen. Nach der Schemazeichnung diese Fläche im Muster besticken. Mit Farbe 7 beginnen und die Farbabstufung von dieser Reihe aus nach unten und oben sticken und fortlaufend wiederholen. Um gerade Kanten zu erhalten, werden an den Rändern auch halbe Stiche gestickt. Die zweite Taschenplatte ebenso sticken. Den Keil im Nelkenstich ausführen, siehe Schemazeichnung unten und Erläuterungen zum Nelkenstich auf Seite 31. Spannen und nähen siehe Seite 71.

Größe ca. 25 x 30 cm
Keil ca. 4,5 cm breit

Stoff: ca. 50 x 95 cm einfädiger Stramin (Art. 115/165, 7 Gewebefäden = ca. 1 cm)
Sticknadeln ohne Spitze
ca. 45 x 90 cm Futterstoff

Garn: Tauben-Zephir

1.	4509 h'grün	6 Strg.
2.	4513 grün	5 Strg.
3.	4661 blau	6 Strg.
4.	4667 blau	6 Strg.
5.	4670 blau	6 Strg.
6.	2222 blau	6 Strg.
7.	3377 blau	9 Strg.

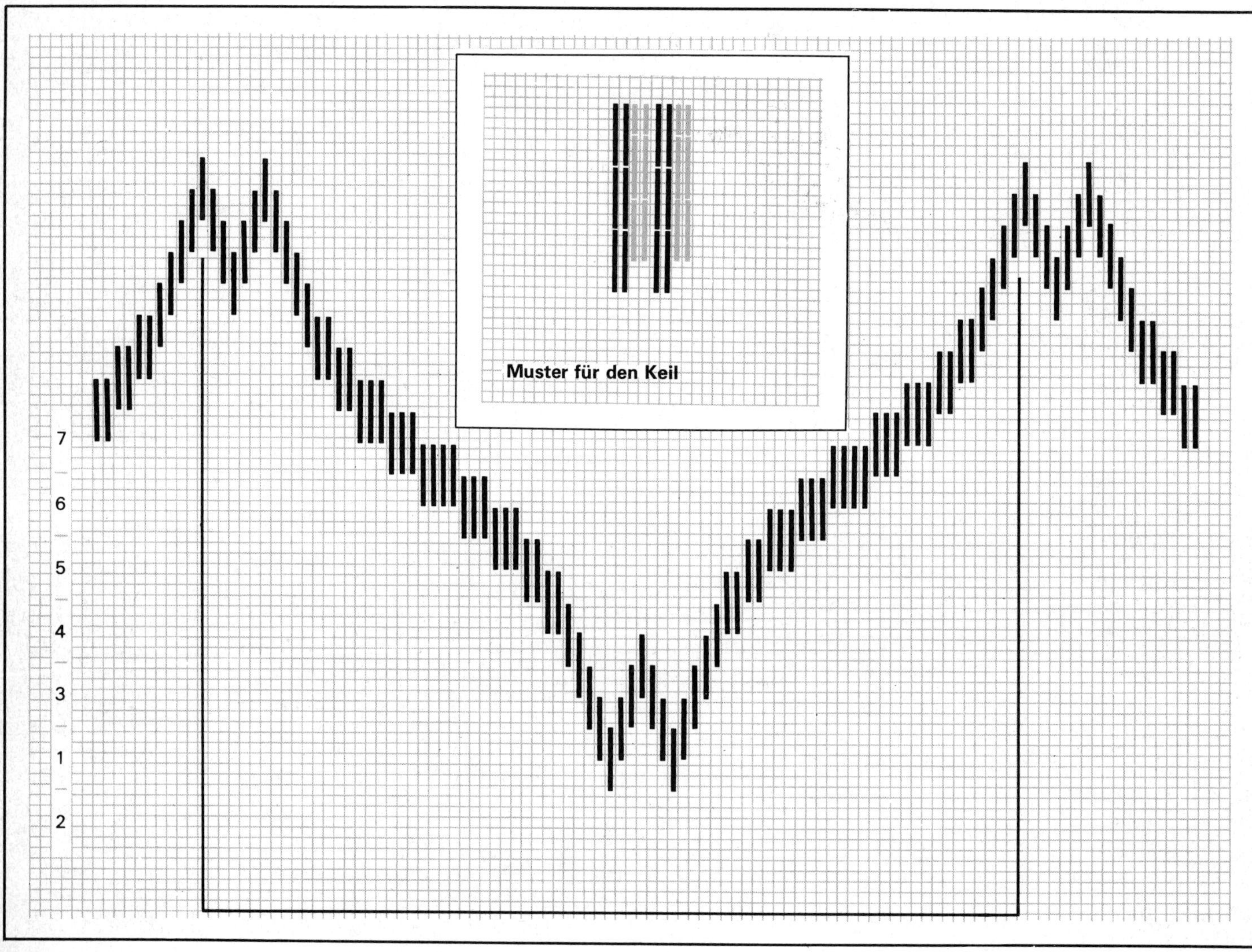

Schnelle Stickerei

Den Stoff in zwei gleiche Hälften teilen; auf jeder ein Rechteck von 28x35 cm markieren und die Mittellinien angeben. Auf der 35 cm langen Mittellinie 15 cm abmessen. Mit Zitronengelb die Konturen nach Schemazeichnung 1 sticken; den Stich Nummer 13 an beiden Seiten weglassen. Die Fläche im Farbschatten Orange-Rot von dunkel nach hell gehend aussticken (Motiv 2). Die beiden angrenzenden Motive 1 und 3 von Stich 13 aus in umgekehrter Farbschattierung wie Muster 1 ausführen.

Von Stich 1 aus im gelb/braun Schatten die Motive 5 und 7 nach Schemazeichnung 2 sticken, mit Dunkelbraun als Kontur beginnen. Die kleinen Motive 5 A und 7 A von den Stichen 6 nach oben gehend ausführen. Die Motive 4 und 6 arbeiten. Das Muster nach oben und unten mit Nelkenstichen abschließen und zusammennähen. Das Dessin zeigt ein einfaches Zickzackmuster und dessen Abwandlung. Die äußere Zickzacklinien werden über 4 Gewebefäden um 2 gegeneinander versetzt gestickt. Im Mittelstück erscheint die gleiche Linienführung mit Stichen, die über 6 Gewebefäden um 2 gegeneinander versetzt gestickt werden. Die beiden höchsten Punkte der Mittellinien treffen sich.

Die Mittellinien auf den beiden 28x35 cm großen Stoffstücken heften. Mit dunkelbraun beginnen und nach der Schemazeichnung des Zickzackmusters über 4 Gewebefäden um 2 gegeneinander versetzt die erste Reihe sticken. Die Farben in der aufgeführten Reihenfolge verwenden, auf der anderen Seite das Muster nochmals gegengleich sticken. Nun nach innen gehend das Muster wieder in der gleichen Stichanzahl und Farbfolge, aber mit Stichen, die über 6 Gewebefäden greifen um 2 gegeneinander versetzt sticken.

Schultertasche (Motive): Größe ca. 28 x 36 cm

Stoff: 2 Stücke je ca. 40 x 46 cm grober Handarbeitsstoff (7 Gewebefäden = ca. 1 cm)
ca. 35 x 90 cm Futterstoff
Sticknadeln ohne Spitze

Garn: MEZ Perlgarn 3
je 1 Strg. 304, 315, 332, 333, 13, 305, 306, 308, 309, 375, 360, 380, 279.

Größe ca. 28 x 36 cm

Stoff: 2 Stücke je 40 x 46 cm grober Handarbeitsstoff (7 Gewebefäden = ca. 1 cm)
ca. 35 x 90 cm Futterstoff
Sticknadeln ohne Spitze

Garn: MEZ Perlgarn 3
je 1 Strg. 305, 306, 308, 309, 375, 380, 360.

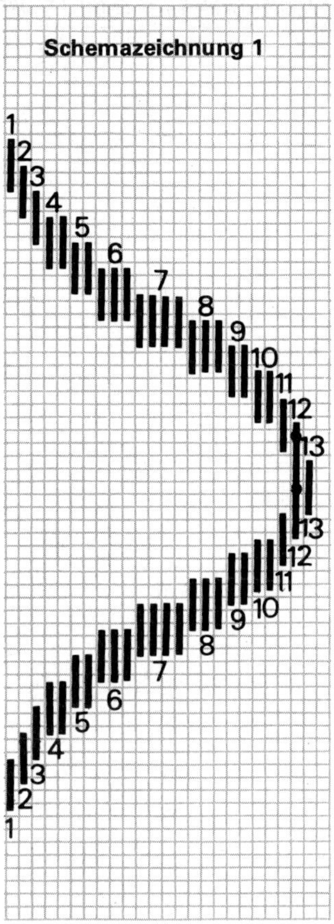

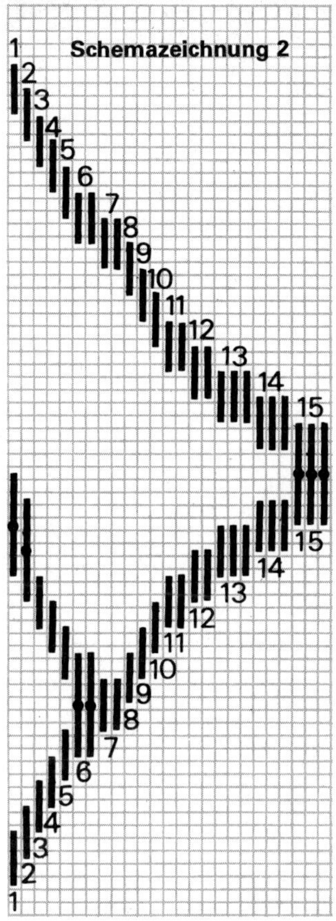

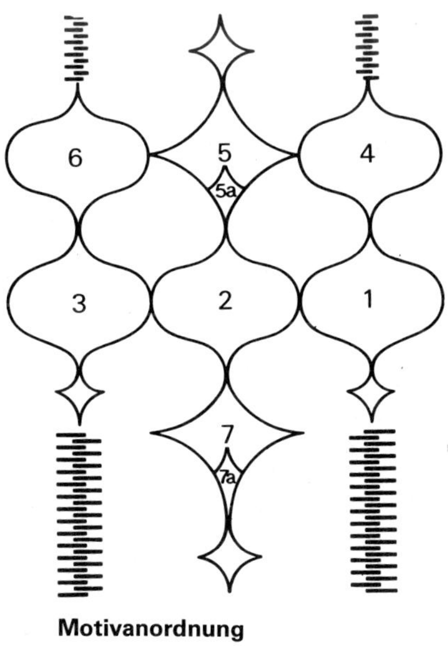

Motivanordnung

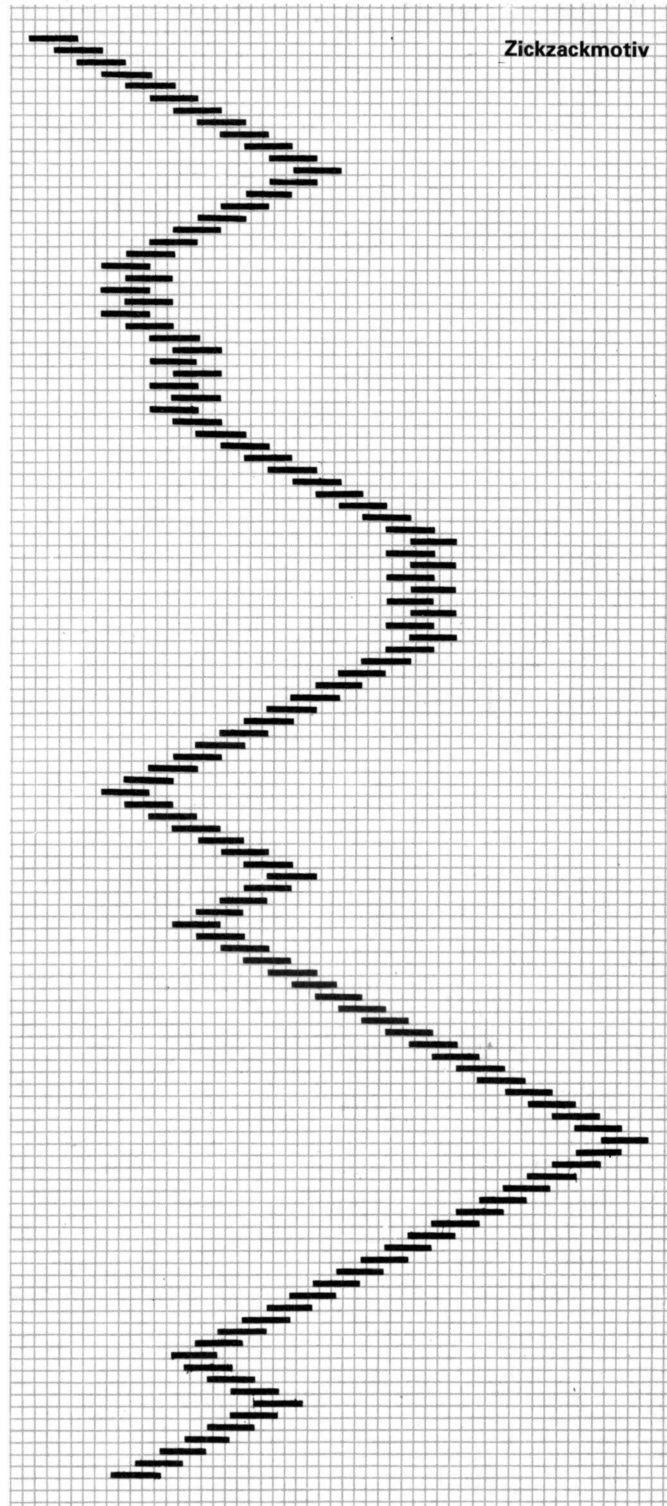

Spannen der Stickerei

Man braucht ein glattes Brett, nicht färbendes Papier und Reißnägel oder dünne Nägel. Die Höhe und Breite der Stickerei genau ausmessen. Diese Größe plus 1–2 cm an jeder Seite rechtwinklig auf das Papier zeichnen. Nun wird die Arbeit mit einem Rand von 1–2 cm (wie oben), rechte Seite nach oben, genau auf die Schnittlinien genagelt. Zuerst wird der Stramin an den 4 Ecken befestigt, dann nacheinander jeweils 2 Seiten nageln. Die Stickerei anfeuchten und erst nach dem Trocknen wieder abspannen.

Montage

Die gute Wirkung einer Stickarbeit ist auch vom exakten Ausfertigen abhängig. Beim Ausfertigen hat man wie beim Sticken das Ziel, den Stramin ganz zu verdecken. Dies wird möglich, wenn man die Naht knapp in der Stickerei verlaufen läßt. Spannen ist sehr wesentlich für die Rechtwinkligkeit eines Stückes. Das Gewebe des Stramins erleichtert das fadengerade Nähen. Keine Nahtzugabe abschneiden, bevor die Nähte richtig sitzen. Sind Änderungen vorzunehmen, hat man noch immer genügend Stramin, um ein oder zwei zusätzliche Stiche zu machen, oder der Schnitt kann, ohne Angst vor dem Ausfransen, noch verändert werden. Baumwolle, Popeline, feiner Drillich oder ähnlich dicht gewebte Stoffe sind als Futterstoffe für verhältnismäßig schwere Stickerei bestens geeignet.

Verstürzen, Abnäher und Futter

Für Bekleidungsstücke wählt man einen einfachen, handelsüblichen Schnitt. Vor Beginn der Stickerei werden die Umrisse und Abnäher ohne Nahtzugabe genau auf den Stramin übertragen, aber nicht ausgeschnitten. Die Stickerei innerhalb der angegebenen Linien, ohne Abnäher, aussticken. Die Abnäher mit Steppstichen von Hand zunähen, einschneiden, auseinanderbügeln, mit Nahtband versäubern und mit Hexenstichen auf der linken Seite festnähen. Alle Nähte heften und von Hand oder mit der Maschine knapp in der Stickerei nähen. Die überflüssigen Nahtzugaben abschneiden und sofort mit Naht- oder Schrägband versäubern. Das weitere Ausfertigen und Füttern wie auf dem Schnittmuster erklärt ausführen.

Haarband

Den Stramin 5 Gewebefäden von der Stickerei entfernt abschneiden. Das Futter in der gleichen Größe zuschneiden. Den überstehenden Stramin nach hinten schlagen und die Ecken kniffen. Stramin und Futter rechts auf rechts stecken. Die beiden langen Kanten nähen, das Band wenden. Ein Stück Gummiband abschneiden und die beiden Enden in die offenen Enden des Haarbandes zwischen Stramin und Futter schieben, unsichtbar festnähen und die Enden schließen.

Etui für Puderdose

Nach dem Spannen den überstehenden Stramin, bis auf 5 Gewebefäden von der Stickerei entfernt, abschneiden. Das Futter in der gleichen Größe zuschneiden und rundum unsichtbar annähen. Die Platte auf die Hälfte legen (rechte Seite nach außen) und mit Überwendlingstichen zusammennähen. Am unteren Rand zum Einschieben der Kordel je etwa 1 cm Naht offen lassen. Die Kordel unsichtbar an drei Kanten annähen und in den unteren offenen Ecken besonders gut befestigen.

Brillenetui

Die Stickerei spannen und wie erklärt den Stramin rundherum auf die gleiche Breite bringen. Das Futter in der gleichen Größe zurechtschneiden, links auf links auf die Stickerei legen und mit unsichtbaren Stichen annähen. Die Stickerei bei 14 cm falten und beide Kanten unsichtbar zusammennähen. An beiden Seiten des unteren Randes eine Öffnung von ca. 1 cm lassen. Die Kordel annähen, die beiden Enden in die Öffnungen schieben und diese zunähen. Eine Kordel von 9 cm Länge richten; damit wird die Etuiklappe gehalten. Die Enden dieser Kordel in die Seitennähte an der Etuiöffnung ziehen und festnähen. Die Klappe wird unter der Kordel durchgezogen, um das Etui geschlossen zu halten.

Etui für Feuerzeug

Die Stickerei wie beschrieben spannen und den Stramin an allen Seiten auf die gleiche Breite bringen. Das Futter in der gleichen Größe zuschneiden und wie beim Haarband beschrieben annähen. Das Stück auf die Hälfte falten, die Seitennähte schließen und am unteren Ende 1 cm offen lassen, damit die Kordelenden hineingeschoben werden können. Die Kordelenden in die Seitennähte schieben, festnähen, die Kordel an 3 Etuiseiten unsichtbar annähen. Eine Seite des Etuirandes bleibt ohne Kordel. Die Kordeln können aus den verwendeten Stickgarnen selbst gedreht werden.

Kissen

Als Kissenfüllung bieten sich Federn, Schaumstoff oder Kapok an. Die Füllung wird nur ein wenig kleiner als die Kissenplatte selbst genäht und mit genügend Material ausgestopft. Ein Kissen ist am bequemsten, wenn es gut gefüllt ist, ohne dabei hart zu sein. Kissenplatte und Rückwand rechts auf rechts zusammenheften und nähen. Eine Seite zum Einschieben der Füllung offen lassen. Stramin rundherum gleichmäßig abschneiden und das Kissen auf die rechte Seite wenden. Füllung einziehen und die Naht mit unsichtbaren Stichen schließen.

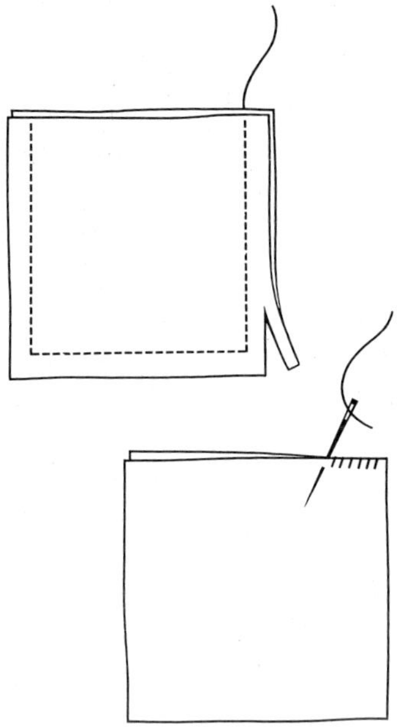

Unterarmtasche mit Keil
Einlage und Futter für Tasche und Keil zuschneiden. Die Einlage festheften. Den überstehenden Stramin etwa 1,5 cm von der Stickerei entfernt abschneiden. Den Stramin umschlagen und mit Hexenstichen auf der Einlage befestigen. Das Futter unsichtbar einnähen. Die beiden Keile ebenso arbeiten. In die Keile eine Falte dämpfen, damit die Tasche besser schließt. Die Tasche falten; die Klappe ist ebenso groß wie der Taschenbeutel. Die Keile von der Keilspitze aus einnähen. Zum Schließen einen Druckknopf verwenden.

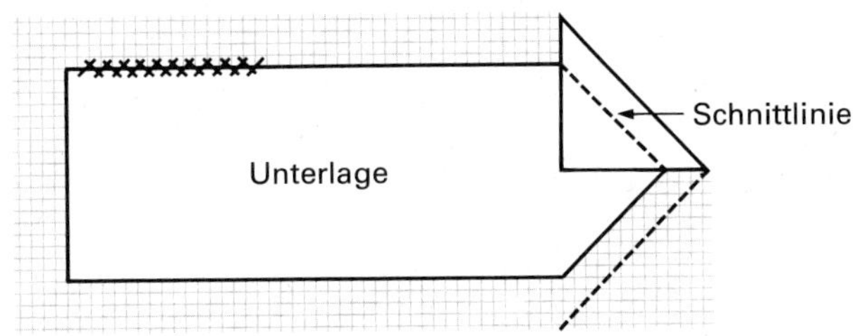

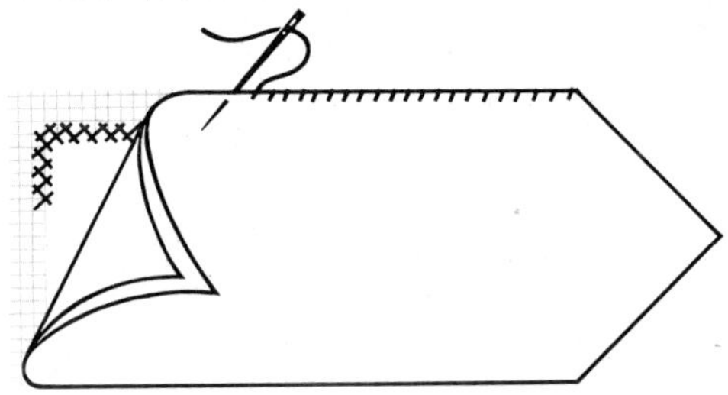

Gürtel
Verstärken und Füttern wie auf Seite 50 beim Vorhangband beschrieben.
Gürtel mit gekaufter Schnalle: Ecken falten und einschlagen. Vor dem Verstärken und Füttern den Stramin rundherum gleichmäßig schneiden.
Glattes Ende: Den Stramin und das Futter nach innen schlagen, um den Steg der Schnalle legen und festnähen.
Bei einem Gürtel mit Schließe hat man zwei glatte Enden.

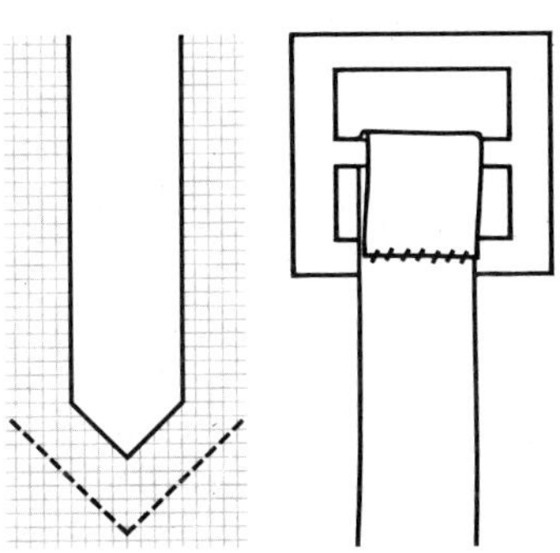

Teppiche und Wandbehänge
Grobes Sackleinen oder ähnlich fester, aber locker gewebter Stoff ist als Futter günstig; allerdings muß ein Teppich nicht unbedingt gefüttert werden. Die Montage und das Füttern aller flachen Gegenstände ist immer gleich. Bei einem Teppich, der nicht gefüttert werden soll, wird der Stramin umgeschlagen und mit Hexenstichen (siehe oben) befestigt. Die Kante wird mit Flecht- oder Überwendlingstich verstärkt. Bei großen Teppichen und Wandbehängen schneidet man den überstehenden Stramin nicht ab, sondern läßt ihn als Verstärkung stehen. Das Futter wie bei der Unterarmtasche (s. oben) mit unsichtbaren Stichen annähen. Bei großen Stücken das Futter im Abstand von jeweils etwa 50 cm mit großen unsichtbaren Stichen von links auf die Stickerei heften (pikieren).

Stuhlbezüge
Die Mitte des gestickten Bezugs genau auf die Mitte des Polsters legen. Den Bezug von der Mitte ausgehend mit Polsternägeln festnageln und darauf achten, daß die Stickerei beim Montieren nicht verzogen wird und das Muster die richtige Linienführung behält.

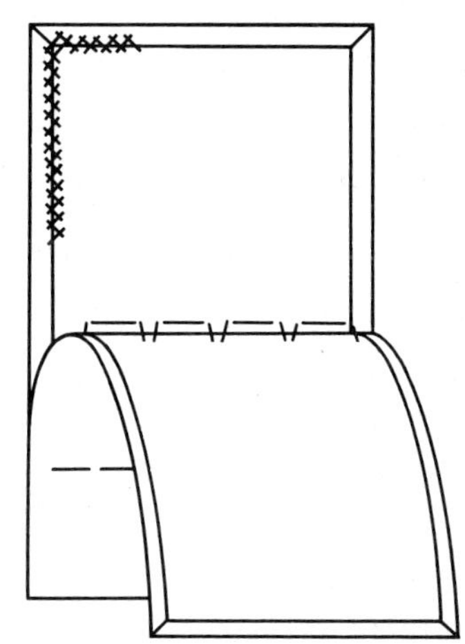

Pompons
Zwei Scheiben aus dünner Pappe zuschneiden. In die Mitte ein Loch schneiden. Der Durchmesser der Pompons entspricht etwa dem der Pappscheiben. Beide Scheiben zusammenlegen und dicht mit Wolle übersticken. Die Wolle zwischen den Pappscheiben aufschneiden und die Mitte mit einem starken Faden abbinden. Die Pappe kann jetzt entfernt werden.

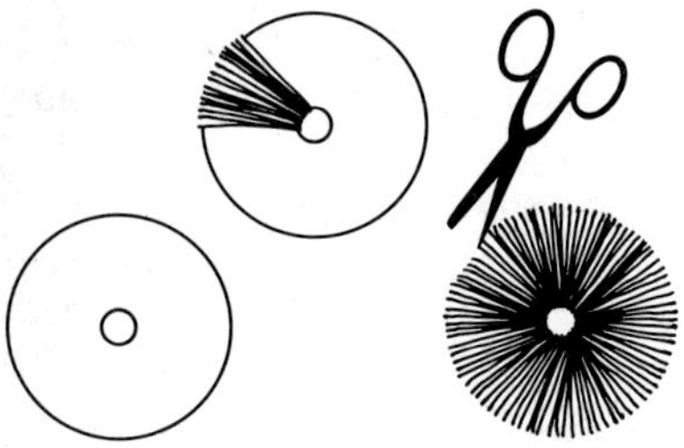

Vorhangband
Durch eine Einlage erhält das Band zusätzlichen Halt. Die Einlage nur wenig kleiner als die gestickte Fläche zuschneiden, unsichtbar auf die linke Seite der Stickerei heften. Den überstehenden Stramin auf die richtige Breite zurechtschneiden (ca. 1 cm breit bei feinem und ca. 2,5 cm bei grobem Stramin). Den Stramin mit Hexenstichen auf die Einlage heften und das Futter wie bei der Unterarmtasche von Seite 69 gegenheften. Die Vorhangbänder werden mit einem Knopf und einer Öse, die aus dem Stickgarn gefertigt wird, zusammengehalten. Knopf und Öse werden vor dem Festnähen des Futters an beiden Enden befestigt.

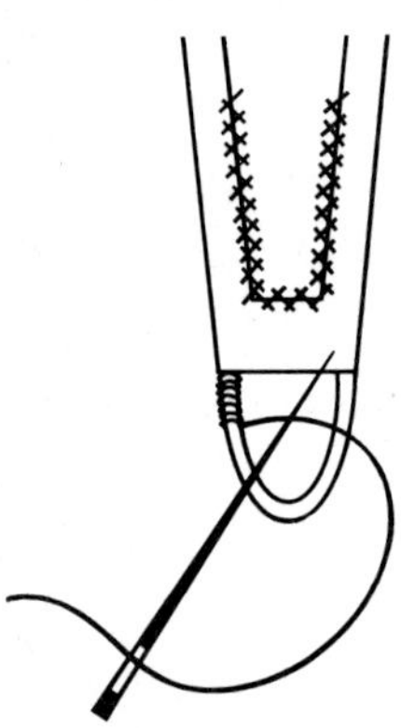

Eckeneinschlagen bei Stuhlbezügen
Die Stickerei (in der Zeichnung weiße Fläche) wurde an den 4 Ecken ausgespart; den Stramin kniffen wie es die gestrichelte Linie zeigt. Den Bezug auf der linken Seite wie zu einer Schachtel falten, die Ecken knapp in der Stickerei mit Steppstich nähen und mit Überwendlingstichen seitlich annähen.

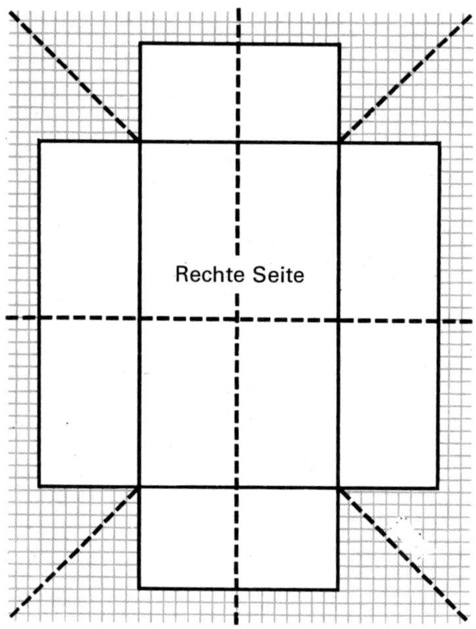

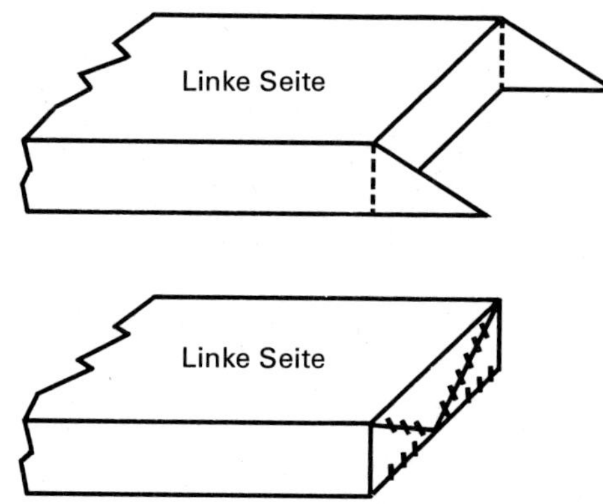

Papierkorb
Das Straminrechteck zu einem Schlauch zusammennähen. Den Saum ausbügeln, Stramin nach innen schlagen, mit Hexenstichen auf der linken Seite anheften, und von unten über das Gefäß ziehen. Das Innere des Gefäßes mit Stoff auskleiden. Den Stoff über den Rand unter den Stramin nach außen ziehen. Die Stickerei und das Futter mit Stoffkleber vorsichtig an dem Gefäß befestigen. Eine Borte als Randabschluß mit Stoffkleber ankleben.

Schemel mit Herzen
Den überstehenden Stramin auf 4 cm rundherum zurechtschneiden. Mit Hexenstichen auf die linke Seite der Stickerei heften. Den Bezug auf den Schemel stecken und mit Polsternägeln in der Mitte jeder Seite befestigen. Die Stickerei nach außen gehend festnageln und darauf achten, daß sie sich nicht verzieht.

Kaminhocker
Die 4 Seitenstreifen ausschneiden. An allen Seiten etwa 2,5 cm Stramin stehen lassen. Die Streifen rechts auf rechts legen und an den schmalen Kanten mit festem Faden in Steppstichen zusammennähen. Den Steppstich knapp in der Stickerei verlaufen lassen und nochmals die Größe überprüfen. Die Sitzfläche und die Seitenstreifen rechts auf rechts zusammennähen. Den überstehenden Stramin auf der Rückseite mit Hexenstichen festhalten. Den Bezug über den Hocker ziehen und mit Polsternägeln befestigen.

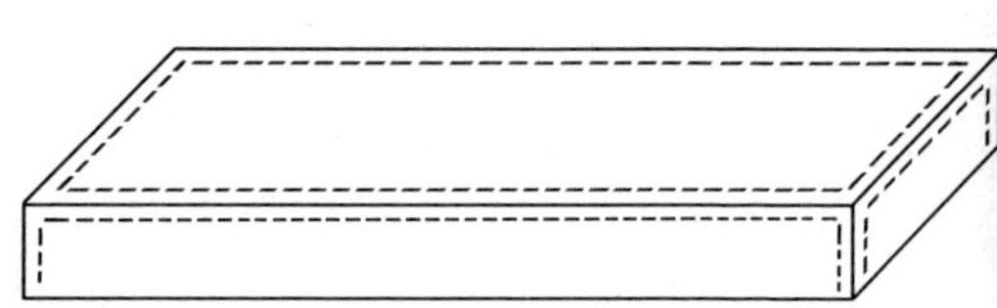

Pantoffeln
Die Pantoffelkappe mit Einlage verstei-fen und füttern, wie beim Vorhangband siehe Seite 50. Das Futter zuschneiden, dabei die Sohlen als Muster verwenden. An den Schnitträndern des Futters ent-lang eine Heftlinie anlegen. Den Heftfa-den anziehen, eine Sohle einlegen und mit Stoffkleber befestigen. Die Pantof-felkappe mit Stecknadeln feststecken, am besten, indem man die Stecknadeln senkrecht in den Pantoffel steckt (s. Abb.). Rundherum mit Überwendling-stich nähen. Die zweite Korksohle mit Stoffkleber gegenkleben.

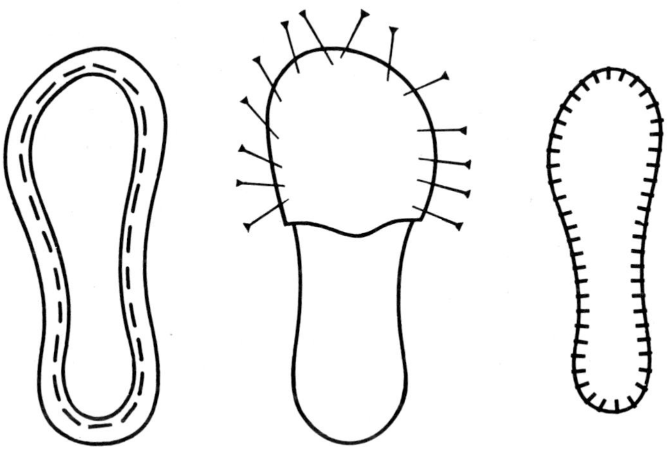

Schultertasche
Den Keil rechts auf rechts auf die Ta-schenplatte legen und einnähen. Das Futter in der gleichen Größe zuschnei-den und nähen. Den Stoff am oberen Rand etwa 2 cm stehen lassen, nach in-nen schlagen und mit Überwendlingsti-chen zusammennähen. Aus jeder Stick-garnfarbe eine Kordel nach der unten-stehenden Erklärung drehen und die richtige Länge beachten. An den oberen Rand der Tasche eine d'blaue Kordel als Abschluß nähen. Aus den 6 Kordeln ei-nen Träger flechten. Den Träger gut an den Seiten der Tasche festnähen.

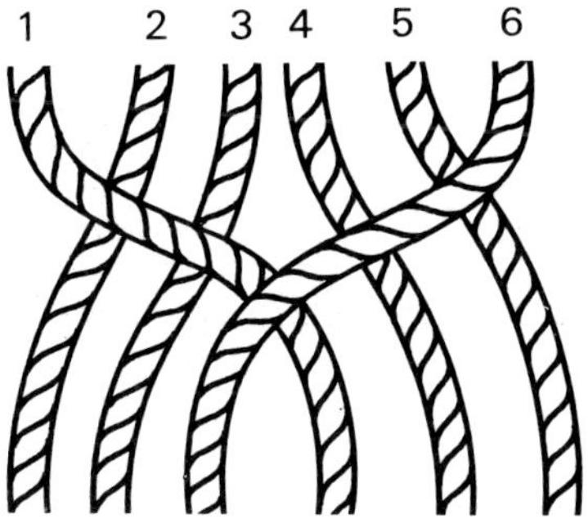

Kordel drehen
Das Garn zum Drehen der Kordel muß die 2½fache Länge der gewünschten Kordellänge haben. 4- oder 5facher Fa-den ergibt eine Kordelstärke, die zur Garnierung der Kanten bei Straminar-beiten geeignet ist. Mindestens 10 bis 12 Fäden braucht man als Kordel für einen Taschenhenkel. Die Fäden an beiden Enden verknoten. Das eine Ende an ei-nem Punkt befestigen (z. B. Tür- oder Fenstergriff), in das andere Ende einen Bleistift schieben. Den Bleistift im Uhr-zeigersinn lang genug drehen. Das Garn auf die Hälfte nehmen und wieder an ei-ner Seite befestigen. Wenn genug ge-dreht wurde, zwirnt sich jetzt beim Los-lassen die Kordel selbst zusammen. Beide Kordelenden knoten und ausfran-sen. Diese Kordel ist für die Schulterta-sche geeignet.

Mustertaschen
Die Stickerei von links dämpfen. Die beiden Platten rechts auf rechts legen und zusammennähen. Der obere Rand bleibt offen. Das Futter etwas kleiner schneiden und genauso nähen. Den überstehenden Stoff an den Nähten zu-rechtschneiden, etwa 2 cm am oberen Rand stehen lassen. Stoff und Futter nach innen schlagen und mit Über-wendlingstichen zusammennähen. Eine Kordel aus dem restlichen Stickgarn drehen und an den Seiten der Tasche unsichtbar annähen.

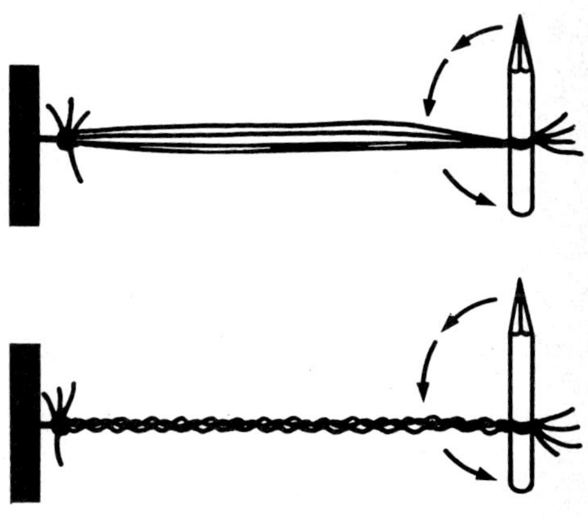